PAREJAS FELICES
Armonía construida juntos

Javier Fernández

Parejas felices
Armonía construida juntos

PUBLICACIONES
CLARETIANAS

CLARET
PUBLISHING GROUP

Parejas felices
© Publicaciones Claretianas, 2023
Juan Álvarez Mendizábal, 65 dpdo, 3º
28008 Madrid
Tel.: 915 401 268
Fax: 915 400 066
www.publicacionesclaretianas.com
publicaciones@publicacionesclaretianas.com
comercial@publicacionesclaretianas.com
ISBN: 978-84-7966-794-8
Depósito Legal: M-7062-2024
Impreso en España - Printed in Spain
Imprime: Estugraf

Dedicatoria

Dedico esta obra a quienes realizan sinceros esfuerzos para construir su proyecto de familia. Al inicio no sabremos si el intento dará frutos buenos y duraderos. Pero el hecho de comenzarlo es ya expresión de valores compartidos, y signo de esperanza, de esa que tanto necesita nuestro mundo.

Todos provenimos de una pareja que nos dio la vida física, y nos habrá aportado diversos valores de los que ahora como adultos somos responsables. Con esta actitud invito a encarar estas páginas, en bien de nosotros y de las generaciones que van llegando a nuestras vidas.

Vivimos tiempos muy desafiantes. Por eso, muchos seres humanos nos sentimos tentados de abandonar los proyectos compartidos para elegir caminos individuales. Aparentemente son más fáciles y satisfactorios. El paso del tiempo muestra que no suele ser así en este clima social que hace más compleja la construcción de proyectos compartidos como son el matrimonio y la familia.

¿Cómo edificar un hogar cuando los cimientos de las antiguas convicciones parecen tambalearse? No hay una receta única e infalible. Pero existen numerosos intentos de buscar, aun a tientas, los mejores caminos para encontrar la felicidad en compartir hogar y vida entre dos personas que libremente se han elegido.

Dedico este libro a todos los hombres y mujeres que proyectan o viven este desafío grande y hermoso de juntar libremente sus vidas para formar una familia, enriquecida en momentos diversos por la presencia de uno o más hijos. Anhelo que lo compartido por Claudia en esta obra les sirva de inspiración para seguir luchando con cariño por los que amamos.

Presentación

Los conflictos y las crisis de pareja abundan en nuestro mundo. Por eso no nos suelen llamar la atención, salvo que sean muy graves o nos toquen de cerca. Además pensamos que los problemas serios les pasan a otros, que no nos pueden suceder a nosotros. Pero estamos equivocados.

Las dificultades de convivencia son algo natural al compartir de modo intenso y extenso nuestra vida con alguna otra persona. Una antigua canción se preguntaba «¿Por qué lo más difícil de la vida es convivir?». Ahora sigue siendo igual. Convivir no es sencillo, es un desafío para valientes.

A esas personas valientes y a todos los interesados en las realidades de pareja presento esta obra. Basándome en mis muchos años de trabajo con familias y parejas me animo a sintetizar ideas mías y de otros que me han parecido útiles para el tema que nos ocupa. Lo hago dando nuevamente la palabra a Claudia, la esposa, madre y docente de dos de mis anteriores libros (*¡Viva la Familia!* y *Familia en territorio adolescente*). En ellos el enfoque estuvo, sobre todo, en acompañar la educación de sus hijos. En la presente obra la mirada se vuelve hacia su relación con Luis, su marido, hacia sus avances, crisis, esfuerzos de crecimiento, etc.

Se trata de una felicidad entendida no como comodidad o confort, sino como una vida plena de sentido gracias al amor que les mueve a construir juntos un proyecto que beneficia a toda su familia. Estoy convencido que solo el amor libremente entregado da la felicidad duradera a que alude el título de esta obra. Lo demás son malas imitaciones que pronto muestran su limitación.

Ser pareja supone una construcción diaria, un esfuerzo por lograr equilibrios siempre inestables. Solo las personas valientes son capaces no solo de iniciar este camino, sino también de continuarlo más allá de los problemas que supone recorrer nuevos itinerarios con renovados desafíos.

No pretendo que el contenido de este libro coincida con lo que le acontece a cada persona ni a cada pareja. Me conformaría con tocar algunos puntos de su experiencia que podrían ser útiles para comprender qué nos está sucediendo y porqué nos ocurre. Y, sobre todo, hacia dónde podemos encaminarnos para solucionar (o al menos aliviar) la problemática que nos aqueja.

Aunque el trasfondo de esta obra es una visión cristiana de la vida, la mayoría de su contenido puede ser útil para cualquier pareja que intente construir una vida en común estable, centrada en ciertos valores. Solamente el último de los capítulos tiene un contenido más claramente religioso.

Contemplo las situaciones que parecen ser más comunes en la vida de pareja, dejando de lado algunas extremas, como la violencia física, los suicidios, etc. Debido a mi experiencia, describo lo que sucede en hogares de clase media o media-alta, dejando para otros la tarea de abordar situaciones específicas en ambientes de pobreza. Supongo la relación entre dos personas adultas psíquicamente sanas, sin entrar en el complejo campo de patologías importantes que pueden darse en alguno de los miembros de la pareja.

En muchas partes hago referencia a los distintos modos de ser de la mujer y el varón. Dejo constancia que en el mundo actual hay numerosas excepciones a lo que digo, asumiendo que las diferencias entre los sexos se han atenuado bastante respecto al pasado. El ingreso creciente de la mujer a la vida pública, su mayor protagonismo, el hecho de que el varón se comprometa más en la vida del hogar y otros factores de este estilo parecen influir en esto. Tanto que lo dicho sobre la mujer a veces refleja a algunos varones actuales. Y lo afirmado sobre el varón ha comenzado a ser parte del modo de vida de un número creciente de mujeres.

Esta propuesta no tiene nada de mágico. Se trata de comprender qué nos está pasando y afrentar la situación, decididos a pagar el precio para mejorarla. Nada importante lograremos sin esfuerzo. No hay sencillas recetas salvadoras ni atajos para superar los problemas más o menos profundos que nos aquejan.

Una tentación muy frecuente en el mundo actual es la de «abandonar el barco», considerando que ese camino es el mejor, o al menos el más fácil. No es el enfoque de esta obra. En ella propongo trabajar (siempre mejor en pareja) para intentar no abandonar la travesía, muchas veces en bien de los miembros más débiles de la familia, especialmente los hijos pequeños.

El libro se divide en seis capítulos. Cada uno contiene diversos temas, generalmente subdivididos en apartados breves. Al final de cada uno aparecen las *Sugerencias*. Aconsejo pensarlas, escribir algo de respuesta y compartirlas con el cónyuge. Compartir siempre enriquece.

Los cinco capítulos iniciales muestran la dimensión humana del amor de pareja. Su contenido puede ser útil para los que son o no creyentes en Dios. El sexto profundiza dicho amor desde el punto de vista de la fe cristiana.

No es recomendable leer este libro de corrido, como si fuera una novela. No ha sido pensado para ese uso, pudiendo causar cierta saturación sumar muchas páginas de lectura. También porque algunas afirmaciones de modo voluntario aparecen repetidas aquí y allá, no por descuido, sino para remarcar algunas claves de esta obra.

También pueden trabajar cada apartado de modo simultáneo los dos miembros de la pareja. O usarlo para una reunión de dos o más parejas que quieran profundizar su realidad actual, haciéndose propuestas de crecimiento hacia el futuro. En definitiva, esta obra es un instrumento que cada persona y cada pareja usará de acuerdo a sus necesidades y preferencias.

Este no es un libro doctrinal o teórico, sino que deriva de la experiencia de diversas parejas y familias. A eso he sumado algún material escrito, adaptándolo a las intenciones de esta obra. Que, insisto, no es un recetario para la infinita variedad de situaciones que se pueden dar. Tan solo intenta comprender, desde dentro, los procesos que vivimos los seres humanos cuando comprometemos nuestra vida en una relación intensa y duradera, especialmente de pareja.

Este material intenta bucear sobre algunas causas de los conflictos de pareja, para ver qué procesos pueden darse y ofrecer algunas propuestas de solución a los problemas más frecuentes. Es fácil notar que la clave central de todo este camino es la buena comunicación entre los esposos. Alguien objetará que hay problemas de pareja que superan la comunicación, que dependen de factores externos como la pérdida de trabajo, una enfermedad grave, etc. Eso es cierto. Pero también lo es que cualquier dificultad se hace más grande cuando hay poca comunicación y, al menos, se alivia cuando los esposos viven unidos de corazón, sufriendo o gozando juntos.

El planteamiento genérico que hago admite numerosas excepciones en cuanto a otros detalles concretos. Lo presentado en esta obra es solamente un punto de referencia que cada lector deberá adaptar a su situación particular.

Hace falta «digerir» con paciencia el contenido de esta obra para que alimente la vida personal y de pareja. Y aunque los protagonistas se presentan como esposos, muchas de las observaciones valen para las parejas que aún no han formalizado su relación.

Especial utilidad tendrá si los miembros de la pareja la emplean de modo simultáneo o continuado. También si es usado en algún grupo de parejas que reflexionan sobre su realidad y buscan crecer como familias. En cualquiera de estos casos lo que son solo palabras escritas cobrará vida a partir de la experiencia de quienes apliquen lo dicho a su propia vida.

Javier Fernández

Capítulo uno: Somos matrimonio

Importantes descubrimientos (1)

De vez en cuando, Luis y yo hacemos memoria de nuestro pasado como pareja. Nos gusta recordar aquellos primeros tiempos en que vivíamos un «estado de gracia». En él todo nos parecía hermoso y fácil de lograr. Cada uno daba al otro mucho amor y lo recibía a raudales. Nuestra impresión era que una relación así iba a va a perdurar sin esfuerzo durante mucho tiempo. Algo tan intenso no podía esfumarse...

Pero no somos excepciones. El paso del tiempo, la rutina y otras cosas más nos fueron bajando de ese «cielo» al que un día nos sentimos transportados. Cada uno vio hacer y escuchó decir al otro cosas que no imaginaba. ¿Dónde había quedado la aureola que rodeaba al otro? ¿Había sido todo un espejismo y nada más? Estas desilusiones hicieron que la imagen de nuestra pareja se fuera ajustando más a la realidad, alejándose de la hermosa pero frágil fantasía inicial.

Esto vino acompañado de enfados, sentimientos de engaño y otras sensaciones semejantes. Me era fácil interpretar mis desilusiones como resultado de la mala voluntad de mi marido: «Me siento traicionada, lo que ahora vivo no coincide con la imagen ideal que me hice». «Me siento engañada, me "vendieron" un producto falsificado, un sueño sin base en la realidad». «Mejor lo dejo todo y me quedo sola»… Como aquella vez que nos enfadamos tanto que Luis prefirió cenar fuera de casa con un amigo, dejándome comer a mí con nuestros hijos y mis enojos. Cuando volvió más tarde esa noche logramos iniciar un diálogo que culminó en una hermosa, aunque no fácil, reconciliación.

Sugerencias: Cuando pasó el inicial «estado de gracia» entre nosotros ¿fuimos capaces de asumir juntos esta nueva etapa y luchar codo a codo por nuestra pareja y nuestra familia?

Importantes descubrimientos (2)

¿Qué hacer cuando en nuestra relación de pareja (novios o esposos) caemos del cielo de la ilusión al duro terreno de la desilusión? Los años de vida junto a Luis y la experiencia de algunas amigas me han enseñado algunas lecciones. Las anoto aquí tal como me salen, por si sirven a otras personas que están viviendo este «aterrizaje forzoso».

Lo primero que ayuda es conocer que esto va a suceder. Está bien disfrutar los momentos de ilusión compartida (son como pequeñas «lunas de miel»). Pero también es necesario recordar que toda vacación termina, que todo goce tiene su duración limitada. Ese tiempo es el adecuado para dialogar entre nosotros y prepararnos para las tormentas que vendrán.

También es bueno recordarnos que somos una pareja no por lo bien que lo estamos pasando, sino porque estamos dispuestos a luchar juntos «en lo bueno y en lo malo», que esas no son palabras vacías que un día dijimos frente al altar. Si no era esa mi intención, hubiera sido mejor que te lo diga desde el inicio de nuestra relación, para no prometernos un hogar que no va a poder durar. O estamos juntos para luchar unidos, o hubiera sido mejor seguir cada uno su camino. En mi caso, creo que acertamos al unirnos, al proyectar un hogar, al enriquecerlo con los hijos que Dios nos concedió para que nos educáramos junto a ellos.

Sugerencias: Realmente ¿estamos juntos «en lo bueno y en lo malo»? ¿O los problemas ponen en duda la continuidad de nuestra relación de pareja?

IMPORTANTES DESCUBRIMIENTOS (3)

Se dice que tanto la fe como el amor muestran que son verdaderos cuando la vida los pone a prueba. En el puerto todos los barcos son buenos; se trata de ver esos mismos barcos en alta mar y en medio de una tormenta. ¿Hasta dónde está dispuesto cada uno a poner de su parte para encaminar la relación de pareja? Es en esos momento duros cuando podemos dar la suprema prueba de amor que no podíamos entregar a nuestra pareja cuando todo era tan hermoso como en los sueños.

Se trata de volver a vivir lo positivo de la relación, pero ahora como fruto del esfuerzo realizado por cada uno de nosotros. Esto nos permite controlar la situación de un modo más real que en el «estado de gracia» inicial. Este no costó nada, no era fruto de nuestro esfuerzo, ninguno de nosotros tenía un control personal de la situación.

Ahora estamos tomando nuestra vida personal y de pareja en nuestras manos, nos estamos haciendo plenamente responsables de lo que nos sucede. A Luis le gusta decir: «Somos adultos, hagámonos cargo». Aunque a veces me cueste, no puedo menos que darle en eso la razón. Es mucho trabajo, pero también es mucho crecimiento para nosotros y para nuestros hijos.

Sugerencias: Cuando llega el momento de trabajar para que continúe funcionando nuestra relación de pareja ¿lo pongo todo de mi parte para que eso suceda?

Conociéndonos (1)

Recuerdo los inicios de mi relación con Luis. Como novia me preguntaba qué contarle de mí y qué reservarme como parte de mi intimidad. Pronto me di cuenta de que, entre dos personas que se aman, lo mejor es no «exigir información». Por el contrario, el camino es interesarme por el otro porque es importante para mí. De ese modo, de una manera más natural, irán saliendo a la luz diversas historias y anécdotas que van completando el rompecabezas de la vida de mi esposo.

Porque no he de olvidar: las confesiones sacadas a presión o con chantaje pueden ser fuente de actuales y futuros conflictos. Saber hechos delicados de mi pareja me da armas muy poderosas que quizá use de modo cruel en momentos de pelea, para mal de los dos.

Sugerencias: ¿Comparto con sinceridad con mi pareja sobre mi persona? ¿O prefiero ocultarle algunas cosas solo para no tener problemas?

Conociéndonos (2)

No podemos crecer como esposos si no damos a conocer con cariño lo que vivimos. Cada uno de los dos necesita entender «desde dentro» qué siente el otro, qué necesita, cómo puedo ayudarle sin humillarlo. De lo contrario viviremos como dos extraños que comparten cama, mesa y techo, y quizá hijos, pero que tienen su propio mundo cerrado a la mirada del otro.

Para que cada uno se revele de modo voluntario hace falta mucho respeto por parte del otro. Respeto y aceptación, sin pretender que nuestra pareja sea tal y como yo la había idealizado en nuestros primeros tiempos. El amor verdadero es aquel que cada vez más integra la realidad de lo que somos en el proyecto de matrimonio y familia que estamos transitando. Por eso me ayuda mucho cuando Luis, con su modo sencillo y directo, me dice cosas como: «Te amo como eres, incluso con tus defectos». Que no exija de mí la perfección me libera de mis autoexigencias excesivas y de mi detallismo.

Para lograr esto hace falta escucharnos el uno al otro de corazón. Es necesario poder disfrutar de tiempo a solas para hablar de nosotros, sin interrupciones. A veces los hijos pequeños, o los móviles, se convierten en importantes adversarios de estos tiempos sagrados de intimidad comunicativa.

Sugerencias: ¿Escucho de corazón a cada miembro de la familia que me comparte algo personal? ¿O medio lo escucho, medio me ocupo de otra cosa mientras tanto?

Conociéndonos (3)

Lo que más importa en nuestra comunicación no suele ser el contenido de las palabras, sino el interior de la persona que ellas me transmiten. Quizá Luis me comenta algo cotidiano, casi sin importancia. Pero el tono con que lo dice, el hecho de que cuando habla me mire o baje la vista, su actitud, son elementos que me dicen más que sus palabras. Amarnos nos ha ayudado a «leer» en los gestos del otro cómo está y a responder del mejor modo posible a lo que le sucede.

Por eso, una charla que comenzó de modo casual, ha terminado más de una vez en un fuerte abrazo a solas entre los dos. Ahí se terminan las palabras. Solo queda la fuerte experiencia de estar unidos, de apoyarnos uno al otro, de reafirmar nuestro amor vivido por dos seres limitados pero sinceros en sus intenciones. A veces no tenemos la solución inmediata a ciertos problemas, pero estamos seguros de seguir unidos en los buenos y los malos momentos, y eso es muy valioso.

Cuando los dos somos abiertos es fácil sentir qué le está pasando al otro y responder rápidamente a sus necesidades. Cuando no es así, hacen falta largos diálogos, a veces dolorosos, para intuir algo de lo que acontece en el interior de la otra persona. Si no nos abrimos, nos vamos aislando, empezamos a sentir que lo que nos pasa no le interesa a nuestra pareja, que estamos solos, que nadie nos entiende, etc.

Sugerencias: En nuestra pareja ¿somos habitualmente abiertos para comunicarnos uno al otro lo que estamos viviendo?

Conociéndonos (4)

Ser abiertos entre nosotros, los esposos, es tan necesario como difícil. ¿Por qué? Creo que las razones son muchas. He tomado nota de algunas que aquí expreso, sin seguir un orden determinado.

A mí, ser abierta me exige destrabar las puertas de mi corazón. Eso permite que Luis me vea como soy. Pero despierta en mí temores antiguos de que abuse de mi sinceridad, de que se burle, de que le quite importancia a lo que yo considero fundamental en mi vida.

Otros temores están relacionados con sus reacciones. Si mi apertura me lleva a expresar opiniones contrarias a las suyas ¿cómo se lo tomará? A lo largo de los años de nuestro matrimonio he visto que ha hecho un esfuerzo por entenderme, aunque no siempre lo logra. A mí me sucede algo parecido. Ponemos buena intención, pero no siempre facilitamos la apertura del otro. Son infinitas las distracciones que nos rodean y nos impulsan a desenfocarnos de nuestra relación, perdiendo así preciosos momentos de comunicación e intimidad como esposos.

Sugerencias: ¿Cuáles son mis temores para comunicarme de modo sencillo y sincero con mi cónyuge? ¿Hago esfuerzos por superarlos?

Conociéndonos (5)

Todavía hay más factores que dificultan mi apertura plena a Luis. A veces temo que sufra por lo que le voy a decir. Quizá no comprenda lo que le comento y eso le lleve a pensar que le estoy atacando, cuando mi intención verdadera es poner sobre la mesa lo que habita mi corazón. Mucho me ayuda cuando Luis me anima a hablar de modo directo, «sin filtros», como le gusta decir a él. De esa manera me da permiso para ser sincera y directa, usando a veces palabras duras que expresan alguna amargura interior que me habita en esos momentos.

Encontrar momentos adecuados para abrirme a él también es parte de esta lista de dificultades. Cuando siento el impulso de revelarle algo, a veces estamos en un lugar inadecuado o con otras personas. Pero cuando nos vemos a solas por la noche, me encuentro tan cansada, con ganas de nada, que lo dejo para después… Y ya se sabe, «después es nunca». Así he dejado de comentarle cosas importantes porque yo estaba cansada, o porque le veía agotado de la intensa jornada que vivió.

A pesar de todas estas dificultades, los años de matrimonio me han mostrado la fecundidad de ser lo más abiertos que podamos. A veces lo lograremos, otras se nos quedará en proyecto. Pero el solo hecho de intentarlo es una prueba más de la verdad del amor que nos une.

Sugerencias: ¿Promovemos entre los dos momentos de diálogo privado donde podamos comentar lo que ambos estamos viviendo?

Nuestro proyecto compartido (1)

En nuestra escuela hemos celebrado la Semana de la Familia. En una de las charlas, una especialista nos decía que los nuevos hogares hoy se enfrentan al desafío de construirse en medio de una sociedad que valora mucho la autonomía individual del adulto, a la vez que relativiza el valor de edificar juntos una familia. ¿Cómo congeniar desarrollo individual con proyecto compartido?

Tiempo atrás esto parecía fácil. Lo frecuente era que predominara el proyecto del varón, al cual se amoldaba la mujer (y, por supuesto, los hijos). Ahora la mujer reclama igualdad de condiciones. Por lo cual hace falta encontrar un modo de atender a la dimensión personal de cada esposo, sin dejar de lado la importancia de lo que construyen ambos como pareja. ¡Buen trabajo el que nos toca vivir hoy!

En algunos ambientes predomina mucho el interés por lo individual. Eso muestra la necesidad de una especial formación por parte de los dos para animarnos a «ser distintos a la mayoría», o a lo que se propone desde muchos medios de comunicación. Si Luis y yo no cediéramos libremente parte de nuestra autonomía, sería imposible construir un hogar entre nosotros y con nuestros hijos.

Sugerencias: En nuestro hogar ¿cómo hacemos para congeniar el proyecto de familia con los proyectos de cada persona?

Nuestro proyecto compartido (2)

La misma especialista nos decía que el desafío no finaliza al ponerse de acuerdo los esposos para equilibrar la autonomía individual con el proyecto compartido. A medida que van creciendo, aparecen los hijos con sus solicitudes. Ellos encarnan, aún más que sus padres, un mundo nuevo cuyas características absorben de modo natural. Para ellos no existe un «antes» comparable con el presente, sino que «el mundo» de ellos es el que nos toca vivir hoy.

¿Cómo integrarlos en un proyecto compartido para que nuestra casa no se convierta en un hotel donde viven personas ocupadas solamente en lo propio? Lo de siempre: la clave es el ejemplo de lo que hacemos sus padres. No nos queda sino asumir lo valioso del mundo de hoy, pero a la vez equilibrar en nuestra casa sus desequilibrios. Será terreno ganado lo que podamos hacer para que todos valoremos la comunidad familiar. Creo que en esto hemos hecho mucho, pero es también mucho lo que nos queda por realizar.

«Vosotros y vuestros hijos ¿amáis vuestro hogar y todo lo que forma parte de él? ¿O, más bien, aguantáis los momentos compartidos, esperando para realizar cada uno, cuanto antes mejor, lo que tiene en mente?». Palabras más, palabras menos fue el desafío que nos lanzó la especialista, antes de dividirnos en grupos para dialogar.

Sugerencias: ¿Amo nuestro hogar y a las personas que lo forman? ¿Estoy dispuesta, estoy dispuesto a dar prioridad a mi familia por encima de mis planes?

Nuestro proyecto compartido (3)

Construir el «nosotros» de nuestra familia contiene otro desafío: el hecho de que ambos esposos provenimos de familias diferentes; no puede ser de de otro modo. Cada pareja deberá «negociar», sobre todo al inicio de su vida juntos, qué cosas mantener del estilo de una familia, o de la otra, y cuáles crear nuevas ante tiempos también nuevos.

Si ponerse de acuerdo dos a veces no es fácil, la venida de los hijos hace más variado e interesante este proceso. ¿Cómo ir dando a los nuevos integrantes su lugar en la familia? No son solo receptores, sino también productores de propuestas, a veces reflejo del ambiente social exterior (familias de sus compañeros, redes sociales, etc.). ¿Qué asumir del ambiente exterior y los medios de comunicación? ¿Qué desechar o cambiar de esas propuestas?

Aplicándolo a nuestro hogar, veo que no se trata de copiar una u otra de las familias donde crecimos. La tarea es lograr una nueva síntesis, la propia de nuestra casa, derivada de nuestra manera de ser, en el contexto de un mundo nuevo en continuo cambio. Algunos diálogos con Luis a solas, otros con nuestros hijos, nos han permitido ir tomando decisiones generalmente satisfactorias para todos. Digo «generalmente», porque en más de una ocasión alguno de nosotros cinco no ha quedado tan conforme. Pero no queda otra opción. Una vez deberá ceder uno, otra vez otro, siempre por el bien de todos.

Sugerencias: En estos años de vida familiar ¿hemos logrado construir un «nosotros» que nos una en sueños, proyectos y actividades?

Nuestro proyecto compartido (4)

La especialista abordó en otra charla el tema de los hijos. Comenzó preguntando si los hijos unen o separan a sus padres. Podemos decir que son un importante factor que cambia los datos de la relación de pareja. En síntesis, parece que unen más a los que ya están unidos, y que ayudan a profundizar los conflictos de quienes ya están enfrentados.

Con la presencia de los hijos parece suceder como con otros desafíos de la vida familiar: quizá no producen los problemas, pero los ahondan cuando están presentes. Ambos esposos quizá han logrado un frágil equilibrio en su relación, algunos acuerdos básicos para funcionar como familia. La llegada de cada hijo (sobre todo del primero) cambiará de modo notable los datos de la realidad y exigirá consensuar nuevos acuerdos. Este es, para algunas parejas, un esfuerzo excesivo que dará inicio a un camino de progresivas crisis.

Aunque, para ser justos, también la presencia de los hijos profundiza los valores vividos cuando hay una firme decisión de hacerlos tesoro del hogar. Es que el amor verdadero crece superando las dificultades; al contrario que el puramente romántico, que se rompe cuando se presentan problemas inesperados que perduran en el tiempo.

Sugerencias: La presencia de cada uno de los hijos en nuestra familia ¿nos ha ayudado a unirnos más como esposos o nos ha distanciado?

CAMBIOS QUE GENERAN CRISIS (1)

Los cambios en la sociedad y en los roles de varón y mujer pueden ser fuente de crisis más o menos importantes en el matrimonio. En este apartado y los que siguen me detendré en algo típico de estos tiempos: los cambios y las crisis derivados de la creciente promoción de la mujer. Es algo muy bueno en sí mismo, pero a la vez muy desafiante.

En mis actuales estudios de Psicología he abordado esta temática elaborando junto con una compañera un trabajo que nos llevó bastante tiempo y me interesó mucho. Me han ayudado mucho algunos diálogos que tuve con compañeras docentes y con una amiga psicóloga.

El punto en común de esta investigación fue ver cómo se transforma, y hasta entra en crisis, la pareja cuando cambia el rol de la mujer. ¿Cuáles son las características habituales de esta situación? En los siguientes apartados enumeraré en cierto orden cronológico algunos que parecen ser más frecuentes.

Sugerencias: Responder a la pregunta del último párrafo. En nuestro matrimonio ¿se dan algunos de esas características?

CAMBIOS QUE GENERAN CRISIS (2)

Los cambios en el rol de la mujer generan estas situaciones. En torno a ellas se puede decir:

- El esposo puede haber sido el único novio en serio que ella tuvo, el «hombre de su vida». Iniciaron su relación cuando ella era muy joven y, por eso, bastante unida a su familia. Ella pasó de depender de sus padres a apoyarse en su novio y futuro esposo.

- Los primeros tiempos de la vida matrimonial se habrían dividido en dos etapas. Una primera, en la que la mujer vivió el encanto del nuevo hogar y los esfuerzos por construirlo junto a su esposo. Y una segunda, centrada en la llegada de los hijos, donde le tocó cumplir un rol central ya desde la significativa experiencia de vivir cada embarazo.

- Durante estos primeros tiempos ella puede haber seguido estudios o tener un trabajo remunerado fuera de casa. Si este se da, se lo considera «complemento» de lo que aporta el esposo, sostén económico fundamental del nuevo hogar. Algo semejante puede pasar con sus estudios.

- Mientras tanto los hijos van creciendo, asumiendo una mayor autonomía respecto a sus padres. Por otro lado, la normal convivencia matrimonial va generando dificultades que le exigen a ella salir de una posición dependiente y aprender a defender sus puntos de vista frente al esposo. Aunque esto no es agradable, la irá fortaleciendo frente a su marido.

Sugerencias: En los inicios de nuestro matrimonio y el de parejas amigas ¿han sucedido algunas situaciones nombradas en este apartado? ¿Con qué características?

CAMBIOS QUE GENERAN CRISIS (3)

Continúo con algunos desafíos derivados de los cambios en el lugar social de la mujer hoy:

- En el mundo actual la mujer goza de mayor autonomía que antes y acceso a mucha información. Además del antiguo camino del diálogo con otras mujeres, hoy tienen a mano muchas propuestas de autonomía personal, cuidado del cuerpo, toma de decisiones con mayor o menor independencia de los demás. Estas ideas, y los modelos que la concretan, las abren a un estilo de vida cada vez más autónomo respecto a su marido.

- Los hijos han crecido y casi no necesitan de ayuda materna. Aunque vivan aún en casa, es común que la mujer se implique cada vez más en tareas fuera del hogar. Quizá la asciendan en su trabajo y/o inicie una carrera universitaria. Algunas comienzan a destacarse en diversos ámbitos socialmente reconocidos, como el arte. O inician un emprendimiento comercial propio, modesto al inicio, pero en constante crecimiento.

- Todo esto puede generar en la mujer la sensación de que ahora su hogar le queda pequeño, de que sus hijos ya no la necesitan, de que no espera tanto del esposo del cual tanto dependía. En la pareja las cosas se plantean no en igualdad de condiciones, sino hasta con una mirada de superioridad femenina, a lo que puede ayudar el hecho de que comience a ganar más dinero que él, a ser admirada, a dejar de ser «la esposa de...» para pasar a ser reconocida por ella misma. A veces se llega a cambiar la situación, y él se puede encontrar con que le definan como «el esposo de...».

Sugerencias: Como mujer, habitualmente ¿tengo la sensación de que mi hogar me queda pequeño, que necesito iniciar cosas nuevas fuera de él?

CAMBIOS QUE GENERAN CRISIS (4)

El nuevo rol femenino puede producir importantes cambios dentro y fuera de la esposa y madre. Veamos:

- Lo que antes a la mujer le parecía natural y hasta hermoso de su familia, ahora le despierta poco entusiasmo o le resulta un peso insoportable. Compartir los momentos de diálogo e intimidad con su esposo que antes la motivaban, ahora le pueden resultar una pesada obligación. Algo parecido puede suceder con los hijos, a los que sigue amando, pero a quienes ve cada vez más alejados de sus ideales de vida, y le hacen sentir con una actitud distinta, menos protectora.

- Cuando una de las personas de la pareja crece y la otra sigue igual, la sensación de la primera será la de estancamiento. Es lo que parecen sentir algunas mujeres respecto al marido que antes tanto admiraban. Él sigue siendo el mismo, haciendo y diciendo las mismas cosas, riéndose de las mismas situaciones. Ellas se ha puesto serias, ahora son más exigentes, no se conforman tan fácilmente. La sensación con respecto a su hogar es de creciente mediocridad, frente a los éxitos que va logrando fuera de su casa. El corazón de ella está cada vez más afuera y cada vez menos dentro de la familia por la que trabajó tanto. Puede llegar el momento en que, para su sorpresa, sienta que casi le da lo mismo estar con ellos que quedarse sola. Su esposo y sus hijos pasan de ser su familia a ser «parientes» con los que ahora puede estar o no.

- Con todo esto las crisis matrimoniales están servidas. ¿Por qué? Desde el punto de vista del marido, «le han cambiado a su esposa», esa no es la mujer con la que se casó. Él ha cambiado poco, pero ella es realmente otra. Y la sensación que ella le genera, sobre todo en los momentos de pelea, es la de «ya no te necesito», «ahora me basto por mí misma", etc., que son mensajes duros para él y, ciertamente, fruto de una situación nueva e inesperada para ambos.

Sugerencias: En nuestro hogar ¿sucede alguna de las situaciones a que se refiere este apartado?

Cambios que generan crisis (5)

Creo que lo dicho hasta ahora es suficiente para comprender alguno de los nuevos desafíos que se le presentan a la vida matrimonial. Así que nos preguntamos ¿qué hacer para prevenir o al menos atenuar los serios conflictos derivados de una pareja que marcha «a dos velocidades»? Veamos:

- Si se está en el inicio del proceso de pareja (noviazgo), ambos miembros deberán plantearse con mucho realismo cómo gestionarán sus diferencias objetivas (nivel sociocultural, económico, etc). Es conocido que suelen tener más dificultades las parejas «muy desparejas», o sea, aquellas en que hay mucha diferencia en diversos indicadores como: edad, nivel social y cultural, estatus económico de las familias de origen, etc.

- Específicamente, en el tema que nos ocupa, es bueno definir desde el principio, y de modo claro, el rol de la mujer dentro y fuera del hogar. Esto porque los cambios de su rol en nuestra sociedad han sido más rápidos y complejos que los del varón, quien ya de antes tenía un rol protagonista que se consideraba «natural». Es él quien con frecuencia observa con cierto asombro el gran cambio entre la imagen antigua de mujer que conoció (madre, abuela, tía, etc) y su esposa. Esta novedad también lo desorientará si la sencilla y dócil novia se va convirtiendo en una esposa muy demandante y crítica.

- Como dije anteriormente, la sensación del esposo será la de haber sido engañado, o haberse equivocado. «Si yo lo hubiera sabido…», pensará para sus adentros. En realidad los cambios que van a suceder en los esposos a lo largo de años de convivencia son imposibles de prever. Los que vemos aquí en la mujer son un ejemplo actual, pero no la única situación que puede darse. Ante eso, ¿qué se puede hacer?

Sugerencias: En nuestra casa ¿se han producido cambios en el modo de ser o en el rol de uno de esposos que ahora están generando conflictos en la vida matrimonial? En caso afirmativo, ¿qué hacemos para asumirlos de modo constructivo?

Cambios que generan crisis (6)

Ante lo que vengo diciendo, creo que no queda otro camino que acompañar los procesos personales que cada uno vive con mucho diálogo, ya desde el noviazgo. Y con ayuda externa fiable si hace falta. Por mi experiencia no veo posible ajustar de modo progresivo el matrimonio a los cambios personales si estas cuestiones no se hablan una y otra vez a medida que sea necesario.

Especial atención merecen situaciones nuevas como el inicio de una carrera universitaria, o de un ciclo de especialización por parte de uno de los dos. También cuando uno consigue un nuevo trabajo de relevancia social y económica, o se da un ascenso laboral significativo, con el correspondiente aumento de sueldo. Estas situaciones pueden romper el equilibrio logrado en la pareja. Algunos buenos matrimonios entran en crisis por estos factores de desequilibrio cuando no son bien procesados por ambos miembros.

Es justo decir que algunas veces este proceso puede darse al revés. No es algo tan común, pero vale la pena dejar aquí constancia. Sería el caso de una pareja que comenzó con una mujer muy protagonista. Pero ella se mantuvo a su nivel o hasta se fue apagando por diversos factores. A la vez su esposo fue creciendo. Pueden ser nuevos estudios, éxitos económicos u otros factores los que desequilibran a este tipo de parejas, en este caso a favor de él. Un cambio así también tiene sus desafíos y lo recomendable para hacer es lo mismo que comentamos antes con respecto a una pareja en la que es la mujer quien está en constante crecimiento.

Sugerencias: Vivir es cambiar. Los cambios que se han dado en nuestro matrimonio con el paso de los años ¿nos han ayudado a estar más unidos o nos van distanciando cada vez más?

Capítulo 2: Entendiendo nuestros procesos

Esta soy yo (1)

Me acuerdo de cuando era niña y escuchaba historias de mi madre o de mi abuela. Gran parte de ellas giraban en torno a su trabajo para atender las necesidades de sus esposos e hijos. A veces se sumaban otras personas a esta lista de beneficiados por sus esfuerzos. De vez en cuando aparecía alguna valoración sobre ese tipo de vida, a veces positiva, otras con cierto aire de resignación. «Es lo que nos ha tocado en la vida», solía decir la abuela Sofía.

En comparación con ellas, me doy cuenta de que ahora la mayoría de las mujeres tenemos otra situación y otras expectativas vitales. Hoy también queremos servir a quienes amamos, pero reclamamos que el plato de la balanza esté equilibrado. Es justo que los varones también se ocupen de las cosas de la casa y de cuidar a las personas a su cargo, pequeñas y a las crecidas.

Le decía el otro día a Luis que, a medida que iba creciendo y conociendo la vida, me había ido dando cuenta de cuántas mujeres, mayores que yo, habían vivido cansadas de compartir casi todo con los demás. Ahora nosotras queremos sentirnos especiales para otros y poseer cosas y tiempos propios. No nos resulta satisfactorio vivir siempre para los demás, descuidando nuestras necesidades y preferencias.

Sugerencias: ¿Hemos logrado en nuestra familia equilibrar de modo razonable el servicio a los demás con los tiempos propios de cada persona?

Esta soy yo (2)

Hay otros cambios importantes y positivos en la situación de la mujer de los cuales me siento protagonista. Están relacionados con los sentimientos de culpa. Soy consciente de qu ya desde niñas recibíamos el mensaje de ser buenas, sumisas y dispuestas siempre a colaborar, sobre todo con lo que solicitan los varones. Esta insistencia en muchas ha generado intensos sentimientos de culpa cuando han querido hacer valer su derecho a tiempo libre, a descanso, a realizar cosas que fueran de su gusto.

Una consecuencia de ese modelo para la mujer ha sido que muchas han pagado con la misma moneda. Por un lado se han sentido culpadas y culpables por no entregarse del todo y siempre. Pero por otro, cuando los hijos han crecido, les han echado en cara una y otra vez lo que hicieron por ellos. «Yo he sacrificado mucho por vosotros, y ahora ved cómo pagáis mis esfuerzos». Esa era una de las frases preferidas de mi abuela Sofía, según me contaba mi madre. Esta lucha de culpas recibidas, convertidas después en armas contra los otros, es parte de lo que las mujeres necesitamos cambiar. Por el bien de todos los miembros de nuestra familia.

En mis diálogos con Luis reconozco también en él actitudes renovadas respecto a lo que era común en el pasado. Más de una vez me invita a descansar, mientras él se ocupa de las tareas del hogar pendientes con buen humor. Nuestros hijos, una chica y dos chicos, han visto esto desde pequeños. Creo que han aprendido la lección de una relación más equilibrada y justa en el matrimonio.

Sugerencias: A partir de lo compartido en este tiempo ¿puedo decir que son adecuadas y justas nuestras relaciones y tareas en el hogar como mujer y varón?

Esta soy yo (3)

También por comentarios de mi madre aprendí que antiguamente la mujer sentía que era natural ocupar un segundo lugar al lado de su esposo. Cuando solicitaba algo lo hacía con temor a recibir un «no», a ser tenida en menos o rechazada. En el fondo, les parecía natural que el varón siempre fuera y mereciera más.

La mujer debía luchar, dentro y fuera de casa, para lograr que se la tuviera en cuenta. De ahí esas madres/abuelas tan trabajadoras, siempre haciendo algo, demostrando a sus familiares y a los demás que eran necesarias, que merecían tener un lugar destacado en su ambiente social.

Una psicóloga me decía que esas mujeres, en el fondo, temían no ser amadas como ellas necesitaban. Ante todo por parte del esposo, que a veces se mostraba distante y exigente. Y tampoco por sus hijos, que crecidos podrían olvidarla, dejarla de lado o visitarla solo por compromiso. Quizá eso explique en parte la fuerte solidaridad entre mujeres. Quien se siente débil solo podrá fortalecerse como parte de un grupo en el cual se experimente comprendida y apoyada en sus necesidades.

Sugerencias: En nuestra familia ¿cuál es la situación de cada mujer? ¿Tiene a su disposición los mismos medios y oportunidades que los varones?

Esta soy yo (4)

La intuición de las mujeres parece haber mostrado que el mejor modo de ser tenidas en cuenta es estableciendo fuertes relaciones afectivas, sobre todo con los más cercanos. Ahí emerge la figura, a veces muy idealizada, de la madre sacrificada y siempre dispuesta a entregarse en favor de los que ama. La flecha de la entrega iba con fuerza de cada una de ellas hacia los demás, pero muy débil de los demás hacia ella.

En tiempos recientes esta situación ha cambiado de modo rápido y profundo. Muchos años de luchas han permitido que las mujeres nos sintamos dignas de vivir en igualdad de condiciones con los varones, dando a otros, pero también recibiendo en la misma proporción. Este proceso no ha sido sencillo, al contrario. Todavía hoy está activo, con muchos logros pero también con numerosas exageraciones. Lo noto en algunas colegas mías en la escuela que parecen pensar solo en ellas y sus conveniencias, que no forman un hogar para disfrutar más de la vida, que no son capaces de ofrecerse para hacer un servicio a nadie dentro o fuera del ámbito educativo. Entiendo que este es un modo extremo y pernicioso de entender la igualdad de derechos, copiando aspectos poco recomendables de la conducta de algunos varones.

Algunas de estas cosas las he dialogado con Luis. Eso nos ha servido para equilibrar, en lo posible, nuestras responsabilidades respecto al hogar. Pero también para establecer criterios razonables en cuanto a cómo educar en estos temas a nuestra hija y nuestros dos hijos varones.

Sugerencias: Las mujeres cercanas a mí y yo ¿hemos logrado equilibrar de modo razonable la autonomía personal y el desarrollo de relaciones humanas cercanas y satisfactorias?

Esta soy yo (5)

Una de las diferencias que más pesan en mi relación con Luis es lo que privilegiamos en nuestra comunicación. Él, como varón, se interesa ante todo por la información objetiva: qué pasó, quién lo hizo, cuándo fue, etc. Yo, como mujer, suelo dar prioridad a las personas involucradas, sus sentimientos, cómo estará ahora su vida. Si nos llega la noticia de un accidente, Luis se preocupa por las causas técnicas de lo sucedido. Yo me sitúo, ante todo, en el sufrimiento de la gente involucrada. Son dos modos de ver y de sentir complementarios. Aprendimos a no absolutizar el propio punto de vista, cosa que antes nos llevaba a largas discusiones. Yo le decía que su mirada era muy fría; él criticaba que lo mío era muy sensiblero.

En realidad, algo parecido nos pasa con el lenguaje. Cuando experimento que me invaden fuertes sentimientos, suelo utilizar expresiones absolutas: «nunca me entiendes», «nadie me ayuda», etc. Lo absoluto no tiene que ver con la información objetiva, sino con la intensidad de lo que siento. Luis, que me conoce tanto, suele poner suavemente una mano en mi hombro, busca serenarme e intervenir de modo positivo. Por ejemplo, preguntando: «¿en qué puedo ayudarte?». Una actitud así me aporta más que una discusión verbal. Noto su buena voluntad, me voy serenando y terminamos haciendo entre los dos algo que inicié yo sola.

Obrar así nos ha evitado numerosas discusiones inútiles. A la vez, nuestros hijos han visto el modo de actuar de su padre y van aprendiendo a encontrar modos constructivos para superar los conflictos. Varias veces les hemos dicho que mejor que discutir con palabras es protagonizar iniciativas que ayuden a superar las causas del conflicto. Ellos se dan cuenta de que, entre esas acciones, están los numerosos gestos físicos de cariño que tenemos nosotros ante los chicos. Gestos que después podemos continuar en la intimidad de nuestro dormitorio del modo que nos parezca más adecuado…

Sugerencias: ¿Acostumbro a utilizar expresiones absolutas y hasta exageradas ante mi familia: «siempre», «nunca», «nadie», «todos», etc.?

El ciclo de la mujer y su retorno (i)

Hay una situación que suele producir desorientación y hasta enojo en el varón. Es cuando todo lo externo es favorable y, sin embargo, la mujer no lo disfruta plenamente. «Ahora ¿qué es lo que quieres para sentirte contenta?», ha escuchado decir más de una amiga mía en medio de unas hermosas vacaciones de pareja en un lugar paradisíaco. Ella misma no sabía la respuesta. Eso es lo curioso: no solo quien está fuera, sino la propia protagonista desconoce los motivos de lo que le está sucediendo. Por eso, lo mejor es dejarle claro al hombre que eso es algo que a ella le sucede por dentro, no una situación de la cual le haga responsable a él. Esta fue una recomendación que reiteró más de una vez la psicóloga en la charla que dio en nuestra escuela.

Parece complejo explicar por qué sucede esto. Sin intentar explicarlo de manera extensa, la psicóloga apuntó a la variedad de tensiones que vive hoy una esposa, madre y trabajadora fuera de casa. No se trata solamente de tener muchas cosas para hacer, sino de la manera particular que tenemos las mujeres de procesar estos fenómenos. Nos decía que, en general, los hombres hacen también muchas cosas, pero suelen implicarse afectivamente en ellas menos que nosotras. Terminan una cosa, la olvidan y pasan a otra. Las mujeres, por el contrario, dejamos «resonar» en nuestro interior lo vivido antes, mientras experimentamos de modo intenso lo nuevo que estamos sintiendo.

Esto da riqueza a nuestro interior. Pero también produce desgaste. Ambas realidades hacen que el interior femenino a veces parezca más un remolino que un lugar ordenado y limpio. Además, todavía hoy, en nuestra sociedad, se espera mucho de la mujer como «administradora emocional» no solo en el hogar, sino fuera de él. Esto sucede sobre todo en ámbitos como la educación, donde la mujer se reencuentra de un modo distinto con el rol de «madre» de muchos «hijos», que son sus alumnos.

Sugerencias: ¿Me siento demasiado presionada por la diversidad de roles que desempeño dentro y fuera de mi hogar, tal como describe este apartado?

El ciclo de la mujer y su retorno (2)

Más de una vez he soñado que bajo a un oscuro pozo, donde me siento sola y desanimada. Parece que todo ha terminando, que mi familia no existe, que nadie se acordará de mí. «Ahora sí —pienso—, este es el fin». Despierto al lado de mi marido y veo que es casi la hora de levantarnos. De todos modos, me quedo un rato en nuestra cama pensando en el sueño.

La psicóloga, en una de sus charlas, nos dijo que los adultos, y de modo especial las mujeres, de vez en cuando visitamos lo más profundo de nuestro interior. Ese que tiene que ver con nuestras experiencias pasadas, con alegrías pero también con muchas penas y soledades. Cuando estamos en medio de esa experiencia, necesitamos de modo especial del apoyo de quienes nos aman. En estos momentos, la pareja debiera ser alguien que nos ayude de manera significativa. A mí me ha sucedido más de una vez con Luis, al que pido me abrace mientras mis ojos se llenan de lágrimas. Es un tema del que ya hemos hablado, de modo que él no se extraña y responde a mi petición. Así, poco a poco, me voy serenando. Después le agradezco mucho ese apoyo que tanto necesitaba.

Pero otras mujeres, por diversos motivos, no tienen una relación así con su pareja. Algo de lo que necesitan lo pueden recibir de sus hijos, sobre todo si son pequeños. O de alguna amiga. Lo importante es no encerrarse ni dejarse ganar por las malas hierbas que siempre pujan por crecer en nuestro interior y tapar hasta el más hermoso jardín.

Sugerencias: ¿Bajo de vez en cuando al «pozo» de mi interior donde viven mis antiguos miedos e inseguridades? ¿Cómo me arreglo para afrontar estas situaciones?

El ciclo de la mujer y su retorno (3)

En el «pozo» de los sentimientos negativos, una de mis principales sensaciones es la de estar sola y sin apoyo. Me da la impresión de que no le intereso a nadie, de que pueden vivir bien sin mí, de que ya no les resulto útil. Esto me impulsa a abrazar inmediatamente a alguien a quien ame mucho, como mi marido, alguno de mis hijos, mis padres o una amiga muy querida. Ese contacto físico con respuesta por parte de la otra persona me devuelve a la realidad.

Una buena red afectiva me contiene. Pero una mala red será como una tela de araña, que atrae al insecto pero después lo vuelve prisionero. Por el contrario, una buena red sostiene, marca un límite, protege en caso de grandes caídas. Así son las buenas redes afectivas. Nos libran del ancestral miedo a la soledad, al abandono, a la insignificancia ante quienes de verdad nos interesan.

Sugerencias: ¿Cómo está formada la red de relaciones humanas en la que me apoyo para superar mis momentos de dificultad? ¿Qué lugar ocupa en ella mi relación de pareja y mi familia en general?

El ciclo de la mujer y su retorno (4)

«Cuando la mujer se siente segura en su relación matrimonial es cuando tiende más a bajar a su pozo». Algunas nos extrañamos de esa afirmación de la psicóloga. Ella nos explicó que justamente la seguridad afectiva es lo que permite que ella recorra ese camino hacia su interior. Será un viaje no gratificante, pero sí necesario. Es como si dijera: «ahora que me siento apoyada, voy a abrir y revisar la habitación del fondo de mi persona, para hacer allí limpieza y ordenar mis cosas». Una limpieza así no es hermosa, pero sí necesaria. Concluido ese trabajo, el interior de la esposa estará más en orden, y a la vez ella estará agradecida por el amor de su pareja, que le permitió vivir sin excesivos riesgos esta aventura.

Hay otro riesgo que no podemos descuidar: las compensaciones. Como el varón, ella puede intentar compensar con diversas adicciones su desorden interior. Así aparece la mujer alcohólica, fumadora compulsiva, compradora compulsiva… Estas compensaciones no solucionarán los problemas, sino que intentarán ocultarlos. Y pueden aparecer de golpe de modo descontrolado, generando graves crisis en la pareja y la familia.

Sugerencias: En nuestro matrimonio ¿hemos vivido la desorientadora experiencia de sentirnos peor alguno de los dos cuando las cosas exteriores están muy bien (por ejemplo, en vacaciones)?

El ciclo de la mujer y su retorno (5)

La psicóloga nos comentaba los sorprendentes casos de matrimonios donde todo parecía andar bien hasta que un día deciden separarse. ¿Qué había sucedido? Las causas pueden ser muchas. Entre ellas se destaca que uno de ellos (habitualmente la mujer) había dejado de reprimir sus sentimientos negativos, y había comenzado a decir lo que pensaba y sentía. Ahí se había roto el equilibrio y comenzaron unas peleas tan duras como nunca esperaron vivir y... cada uno decidió seguir su camino.

Y es que, al suprimir los sentimientos negativos, también se dejan de lado los positivos. Ya no hay expresiones de amor sino, en todo caso, una convivencia «civilizada», quizá fruto de mutuas conveniencias, o por el bien de los hijos menores. Una mujer así, que reprime sus sentimientos, se verá como una persona apagada, desilusionada, con poca pasión para compartir con su esposo y con pocas ilusiones frente a su familia.

Si hay algo que necesita y aprecia mucho cualquier mujer de su esposo es tiempo y compañía. El tiempo habrá de ser exclusivo. Es un modo de decirle (como en un conocido anuncio): «Tú lo vales». Ese reconocimiento por parte del esposo la coloca a ella en un lugar especial y le permite sacar de su interior sus mejores galas.

Esa compañía puede tomar diversas formas. A veces será física, uno al lado del otro, a veces con expresiones sexuales. Pero también es «compañía» la llamada inesperada por teléfono solo para preguntar cómo está o qué planes tiene para esa noche, o cualquier otra excusa.

Sugerencias: En nuestra pareja ¿tenemos ocasión de compartir de modo sereno los sentimientos negativos que habitan el interior de cada uno? ¿O se van acumulando cada vez más hasta que un día explotan?

EL CICLO DE LA MUJER Y SU RETORNO (6)

Razonando de modo masculino, algunos esposos tratan de ayudar diciéndole a ella que no tiene motivos para sentirse herida. Por raro que suene, eso no ayuda, sino que empeora las cosas. Es necesario dejar que la mujer haga su proceso, sin desvalorizarlo ni señalar que actúa de un modo irracional. Ella no necesita explicaciones, sino compañía y cercanía.

Con pocas palabras el esposo puede expresar comprensión por lo que ella vive. Y si no hay ocasión de dar más ayuda, puede proponer tomarse un tiempo para serenarse, o salir a realizar una actividad que a ambos agrade y los saque del encierro en la casa. A veces tomar el aire permite dar la dimensión justa a temas que no eran de tanta importancia como parecía.

Sugerencias: En nuestra pareja ¿habitualmente nos expresamos comprensión y apoyo cuando uno de los dos pasa por un mal momento?

El ciclo del varón y su retorno (1)

Tuvimos en mi escuela una charla con una psicóloga que nos explicó la necesidad del varón de tomar de vez en cuando distancia afectiva y estar solo, para reequilibrar su interior. Se ve que lo dicho por ella tocó experiencias de varias de nosotras, porque le expresamos diversas preguntas y observaciones. Quizá eso es lo que explica el empobrecimiento que se produce en algunos matrimonios mayores cuando el varón se jubila y está todo el día en la casa. Ya no hay un «irse y volver», no hay ocasión de desear el reencuentro. En su lugar, habrá ahora más peleas e indiferencia que antes. No siempre sucede, pero es algo fácil de encontrar.

Si la mujer entiende el proceso del varón, distinto al de su mentalidad femenina, lo dejará ir, lo alentará a hacer sus cosas, dejando la puerta abierta para que retorne afectivamente cuando esté listo para ello.

La psicóloga nos aclaró que esto no tiene porqué ser entendido como sometimiento de la mujer a los gustos de su esposo. Pues también este deberá ejercer su paciencia para acompañar los ciclos de la mujer. En ambos casos se trata de comprender lo que le sucede al otro, darle la oportunidad de reequilibrarse, y estar abiertos a renovar la relación de pareja, volviendo a elegirnos.

Sugerencias: En nuestra pareja ¿tratamos de comprender qué le sucede por dentro al otro? ¿O nos apresuramos a juzgarlo solo por su conducta externa?

El ciclo del varón y su retorno (2)

También hay tarea para el varón. Deberá comprender que ella habrá quedado sensible por su distancia afectiva. Entenderá que hace falta dialogar lo que sucedió. Todo lo que el esposo pueda explicar a su esposa respecto a lo que ha vivido le ayudará a ella a entender lo sucedido. Y a prepararse para algo que se repetirá de diferentes maneras a lo largo de su relación.

Por tanto, es común que el varón deba esperar a que su esposa reacomode su interior a este retorno suyo. Lo hará con más facilidad si es un tema hablado, si ella entiende el ciclo masculino y tiene la seguridad de que este alejamiento no tiene su causa en ninguna acción equivocada de ella, ni en ningún riesgo de infidelidad por parte de él.

Hay algo que es muy recomendable en cualquier pareja estable: hablar de modo sereno estas cosas antes de que sucedan. Para que, cuando pasen, no sorprendan a la otra parte, sino que sean parte de lo esperable. Ella hará memoria y preguntará lo que sea necesario. Así este cambio en la relación no suscitará en la mujer angustia ni desorientación. No será agradable, pero tampoco tiene porqué ser alarmante.

Sugerencias: En casa, ¿cada uno de los esposos está dispuesto a explicar la propia conducta cuando esta pueda ser desorientadora para el otro?

El ciclo del varón y su retorno (3)

Hay una situación típica en la que esta tensión cercanía-lejanía suele producir desorientación y enojos en nosotras las mujeres, nos dijo la psicóloga. Es cuando le pedimos a nuestra pareja hablar de nosotros dos, y él no acepta, pide que lo dejemos para después, o no lo ve necesario. ¿Qué sucede en esos momentos?

Las situaciones pueden ser muy variadas. Nombremos algunos factores que parecen ser más comunes en esos casos:

- La mujer es la que más habla. Y propone el diálogo, no para compartir puntos de vista, sino para hacer un elenco de quejas contra él. Visto lo cual, para el varón lo mejor es no aceptar hablar bajo estas condiciones.

- Otras veces la propuesta de diálogo llega cuando el varón ha cubierto de modo abundante su necesidad de intimidad. En cuanto a las relaciones personales, nuestra cultura promovía mucho diálogo afectivo entre mujeres, y charla sobre hechos concretos entre varones. Es como si «el mundo de las palabras» fuera sobre todo femenino…

- Quizá el varón ya se ha cansado de los diálogos muy extensos de ella. Los hombres prefieren pocas palabras sobre el centro de la cuestión. Las mujeres amamos «adornar» lo que decimos con muchos detalles, contar historias, etc. Por eso cuando nos juntamos con las amigas siempre se nos hace corto el tiempo…

Sugerencias: ¿Se dan situaciones de cierta «saturación» de diálogo en nuestra pareja, sobre todo por parte del varón?

EL CICLO DEL VARÓN Y SU RETORNO (4)

Cuando las mujeres proponemos hablar de nuestra relación con el varón, esa iniciativa suele tener detrás una fuerte carga afectiva en nosotras, y expectativas diferentes. Si él dice que «no», nos sentiremos frustradas, dejadas de lado, que no le interesamos, que «ya no me ama», etc. Conclusiones exageradas en muchos casos, pero que vivimos con gran intensidad. Saber esto no nos librará de algunos de esos sentimientos, pero nos permitirá serenarnos y no hacer afirmaciones exageradas como que «él nunca quiere hablar conmigo». Esta última afirmación en realidad querría decir: «nunca quiere hablar como lo hacen mis amigas».

Hablando con mi esposo Luis, él me compartía lo que le pasaba cuando vivíamos momentos intensos de intimidad (con o sin actividad sexual). Al principio le podía costar entrar en ellos. Dejaba que en algunas cosas yo tomara la iniciativa, sobre todo en proponer dónde juntarnos, qué hacer, etc. Cuando llegaba el momento central de esa intimidad lo solía gozar con alegría junto a mí. A veces con palabras, otras muchas con gestos físicos, me daba a entender lo feliz que estaba de ese tiempo compartido.

Pero a cierta altura de nuestro tiempo de intimidad sentía que «se le había llenado el tanque», como cuando cargaba combustible. Entonces retomaba el «control racional» de la situación. «Ya es suficiente» se decía por dentro. Con lo cual por su parte iba finalizando ese momento. Lo hacía del modo más delicado posible. Pero a mí, como mujer, me resultaba rara su actitud. Es como quien sale corriendo de una fiesta que le agrada. «¿Es que no le gustaba que estuviéramos juntos, que habláramos de nuestras cosas, que nos expresáramos amor?», me preguntaba yo por dentro en esos momentos.

Sugerencias: ¿Nos han sucedido situaciones como las que relata Claudia en este apartado?

El ciclo del varón y su retorno (5)

Por mis diálogos con Luis y con alguna amiga casada he aprendido más todavía del modo de ser de muchos varones. Lo primero es que me di cuenta del error que solemos cometer nosotras esperando que, al retornar, el varón comente de modo amplio sus sentimientos. No lo hará, primero porque no cree tener mucho que decir; segundo, porque si no hay un clima muy adecuado, no podrá expresar lo que a nosotras nos resulta tan fácil decir.

Lo he notado al observar algunos diálogos entre Luis y alguno de nuestros hijos varones. No hacen comentarios muy personales, como sí lo realizamos nuestra hija Inés y yo. Se concentran en los hechos externos, comparten sus ideas, se animan para seguir adelante. Y, sobre todo… son muy breves. En pocos minutos pueden dar por terminado un asunto que las mujeres recién estaríamos introduciendo. «¡Cómo! ¿Ya terminaron lo que tenían para decirse?» es lo que resuena en mi interior de mujer.

Aun con una actitud positiva de apertura, el varón puede no saber qué decir de interesante. Por eso se mantiene callado, quizá esperando que sea su esposa la que dé contenido al tiempo que ahora comparten. Con el tiempo aprendí que muchos varones necesitan tener un motivo claro para hablar que sea más que el femenino deseo de compartir lo que nos pasa. Muchas veces nosotras hablamos una y otra vez del mismo tema para tejer nuestras relaciones; los varones no suelen ser buenos tejedores en este nivel. Por lo cual, si no hay un motivo de peso, se mantendrán callados.

Sugerencias: Busco ejemplos concretos de diversas formas de manejar el diálogo entre varones por un lado y entre mujeres por el otro.

El ciclo del varón y su retorno (6)

«Hombre exigido, será hombre callado», nos dijo la psicóloga en medio de su charla. Nos llamó la atención la afirmación, al mismo tiempo que algunas tomamos nota de ella. Sucede que en el compartir sentimientos, habitualmente el varón siente que está en inferioridad de condiciones frente a su mujer. Por eso, prefiere no entrar en terreno poco conocido. No quiere jugar una partida que de antemano siente va a perder.

La esposa puede interpretar mal esto, pensando que es algo contra ella. E insistir más, hasta enojarse, con lo cual el asunto se pondrá cada vez más difícil. Sería más sencillo que ella le preguntara si tiene algo para contar. En caso negativo, si quiere oír alguna de las cosas que ella tiene para decirle. Lo que no deberá hacer ella es deducir que él no la ama porque no le habla; tampoco con sus amigos los varones suelen ser muy habladores de sus asuntos personales. En definitiva, se trata de descubrir que varones y mujeres somos diferentes (y complementarios).

Hay algo más. El varón suele «hablar» a quienes ama de un modo diferente a como lo hace su mujer. Él ha sido educado para valorar más los hechos que las palabras. Por eso, con la misma fuerza con la que puede aborrecer tantas palabras, aprecia los hechos concretos con los que puede demostrar amor a su familia o los demás se lo pueden demostrar a él. .

Sugerencias: Los varones de mi familia y amigos ¿corresponden a la imagen que presentan estos textos? Buscar ejemplos concretos.

El ciclo del varón y su retorno (7)

Los seres humanos tendemos a abrirnos a quienes sentimos que nos comprenden, y cerrarnos para defendernos cuando experimentamos un ataque exterior. Por eso, con gritos y agresividades no se facilitará su apertura.

Un valor de muchos esposos es la capacidad de escuchar con paciencia a su esposa, sin interrumpirla. Eso es algo que toda mujer debe apreciar y reconocerle personalmente. Así de apreciado, el esposo estará más animado a decir algo de sí mismo. Y aunque algunas veces no lo haga, el ambiente entre ambos facilitará otros aspectos de su relación matrimonial positivos para ambos y para sus hijos.

No hemos de olvidar que el mundo del diálogo extenso sobre sentimientos en nuestra cultura es algo más bien femenino. Si la mujer quiere que su esposo entre en él debe facilitarle el ingreso, no exigirle hacer aquello para lo cual no fue entrenado.

Una pareja no estará mejor por compartir más tiempo juntos. Suele suceder lo contrario: la mucha y extensa cercanía puede producir, sobre todo en el varón, sensación de saturación, necesidad de autonomía individual para superar una sensación de encierro. Por eso, una esposa inteligente cuyo esposo se ha vuelto muy callado deberá preguntarse sobre el equilibrio presencia-ausencia en la relación entre ambos. Alguien decía «solo algunas ausencias hacen posibles ricas presencias». Y lo refería justamente a la relación de pareja.

Sugerencias: ¿Reconozco en mi pareja una buena escucha, al menos en algunos momentos? Si le cuesta hacerlo ¿puedo ayudarlo de alguna manera a escucharme?

El ciclo del varón y su retorno (8)

Según parece, somos algunas mujeres las que de modo involuntario complicamos este proceso de retorno del varón. En algunos casos por perseguirlo con reproches, quejas, lamentos. En otras circunstancias, por intentar «castigarlos» de palabra o con hechos (por ejemplo, negándonos a la actividad sexual). Con esto se aumentará la distancia, los reproches y otras actitudes que inician un círculo vicioso en la relación.

Mucho más positivo es que, en momentos de cercanía, ella solicite sin reproches a su esposo que la prepare para su alejamiento, permitiéndole a ella expresarse, preguntar, asegurarse que será algo pasajero, etc. Es signo de creciente madurez en la pareja darse tiempo y espacio para vivir el propio proceso, sin actitudes posesivas ni ser tratados como niños.

Iban llegando a su fin las charlas que tuvimos con la psicóloga sobre el modo de ser del varón. Abrimos un diálogo final, que permitió aclaraciones y profundizaciones. También comentamos algo sobre los ciclos que vivimos las mujeres, los cuales también afectan la vida de pareja y la relación con otras personas cercanas.

Sugerencias: ¿Solemos castigarnos entre los esposos cuando uno hace algo que no gusta al otro? ¿O encaramos estas diferencias tratando de aclararlas con un diálogo sincero?

Capítulo tres: Enriqueciendo nuestra relación

Creciendo como pareja (1)

Como mujer me alegra que Luis me tenga en cuenta con frecuencia, con atenciones y pequeños regalos. «Pero, tienes que reconocérselos», me aconsejaba una amiga con más años de matrimonio. Es cierto, a fuerza de recibir atenciones de mi esposo fácilmente me puedo acostumbrar, sentirme con derechos adquiridos y no agradecer. O, a veces, mi agradecimiento es tan breve y formal que poco motivará a Luis para seguir con esas atenciones.

Lo mejor ha sido que, con sinceridad y a solas, los dos hablemos sobre este punto. Por un lado, Luis ha sido sincero en reconocer lo que le costó al inicio acostumbrarse a estos requerimientos míos. Él creció entre hermanos varones y no daba tanta importancia a estos detalles. También hizo claros esfuerzos para estar atento si yo me ponía alguna prenda nueva para sorprenderlo o cambiaba de peinado. Se dio cuenta de cuánto me halagaba que lo notara y destacara el esfuerzo que yo hacía para caerle bien.

«Esta flor vale más que toda una primavera», era uno de los cumplidos que me solía decir de vez en cuando. Lo hacía con una sonrisa pícara; yo a veces me sonrojaba, a la vez que me sentía muy contenta. Gestos así ayudaron mucho a que nos fuéramos conociendo cada vez más y nos uniéramos en el interés de uno por el otro.

Sugerencias: Como esposos ¿tenemos entre nosotros gestos sencillos que ayudan a renovar nuestro amor? ¿O nos dejamos ganar por la gris rutina?

Creciendo como pareja (2)

He aprendido que una conducta positiva nueva debe ser reforzada en numerosas ocasiones para que se convierta en un modo normal de obrar. Es lo que hice con los esfuerzos de Luis por tenerme en cuenta, darme con algunos gustos, decirme cumplidos que me hacían sentir muy halagada. Ya hacia el final del noviazgo se había vuelto «experto» en esto, según yo le decía.

Pero también me di cuenta de que debía yo halagarlo, reconociendo las cosas positivas que desde el inicio hizo por nosotros dos y después por nuestros hijos. Luis es muy trabajador y organizado con el dinero, más que yo. Eso nos ha servido no solo para lograr mejores ingresos económicos para el hogar, sino también para buscar el modo de hace rendir mejor el dinero de la familia. Esto se lo he reconocido, no solamente a solas sino delante de nuestros hijos. Confío que viendo a su padre obrar así ellos imiten algunas de sus cualidades.

Aunque yo lo sabía, pude comprobar cómo nos ha ayudado en el matrimonio comenzar diciendo algo verdadero y positivo del otro. Y solo después hacer una observación referida a algo que se debe mejorar. En esto no es lo mismo qué es lo que se pone primero. El halago abre la mente y el corazón; si hay que corregir algo, con ambos abiertos y hablando de buen modo es fácil que Luis reciba lo que le digo. Pero si comienzo con críticas, sobre todo amargas, él se cerrará, quizá se calle y se enoje. Y ese será tiempo perdido, sin haber avanzado en nada positivo.

Sugerencias: Cuando dialogamos ¿solemos comenzar diciendo cosas positivas del otro? ¿O desde el inicio afirmamos sus errores y defectos?

CRECIENDO COMO PAREJA (3)

He visto que al inicio de la relación de pareja tanto varones como mujeres solemos ser muy afectuosos. Pero después ellos van dejando de serlo, a la vez que nosotras comenzamos a juntar diversos resentimientos. ¿Por qué sucederá esto?

Parece que una de las claves es el modo distinto en que somos formados varones y mujeres para dar y recibir amor. A nosotras se nos ha transmitido que lo natural es entregarnos de modo incondicional a quienes amamos. La imagen de la madre sacrificada por sus hijos es quizá el ejemplo más conocido. Los varones, por el contrario, al estar más volcados hacia el mundo exterior, aprenden a ser precavidos y entregarse a otros de a poco, como «en cuotas». Es el amor condicional.

Ambos tipos de amor son necesarios para educar de modo complementario a los hijos. Ellos necesitan partir de una aceptación incondicional (dada más por su madre) para luego aprender a «ganarse» el amor (influencia del padre). Desde luego, esto son solo modelos esquemáticos que no se dan en estado puro en la vida real.

Pero eso que sirve para educar a los hijos, parece generar malos entendidos y problemas en la relación de pareja en cuanto a lo que cada uno da o deja de dar al otro.

Sugerencias: ¿Hemos logrado equilibrar en nuestra relación y respecto a nuestros hijos los dos tipos de amor, el incondicional y el condicional?

CRECIENDO COMO PAREJA (4)

Volvamos sobre el amor incondicional de la mujer y el condicional del varón. Como vimos, ambos tienen su sentido y su valor en lo referido a la educación de los hijos. Pero, en cuanto a la relación de pareja, hay un importante trabajo a realizar para no caer en malos entendidos. Por un lado, creo que las mujeres necesitamos saber «administrar» nuestra entrega, no dándonos de modo desordenado y exagerado. Este modo supone entregarnos hasta agotarnos, después de lo cual exigiremos una respuesta igual de la otra parte.

La otra parte es el varón, que suele ser educado para no derrochar demostraciones de afecto. A él las exigencias de su esposa le parecerán exageradas e ilógicas. Aprendió a ser medido en sus expresiones de afecto, a no exagerar, a entregarse de modo moderado para no agotarse. Si a esto le sumamos la confianza del varón en que «todo está bien entre nosotros», ya tenemos servidos una serie de conflictos. Ella lamentará su modo frío de actuar; él responderá que ella está exagerando y sobreprotegiendo a los miembros de la familia. Ambos tienen razón… y ambos no la tienen, según se mire.

Creo que lo mejor es volver una vez más a la convicción básica de que somos diferentes. Una vez comprendido y aceptado eso, las mujeres deberemos adquirir algo del amor condicional masculino y ellos aprender del modelo incondicional femenino. No se trata de intentar invertir los roles, sino de acercar posiciones. Ambos tenemos riquezas para compartir, lo cual beneficiará a nuestra relación y a una más equilibrada actitud con nuestros hijos desde que son pequeños.

Sugerencias: En nuestra pareja ¿aprende cada uno del modo cómo el otro expresa su amor?

Creciendo como pareja (5)

Al inicio de nuestro matrimonio yo lo veía a Luis a veces indiferente a algunas de mis necesidades. Pensaba ¿cómo no se da cuenta de que me hace falta esto o aquello? Este malentendido me hacía sospechar que ya no me amaba como antes, que no era para él la principal persona en su vida. Gran error el mío. Ahora me río de esa situación, pero en su momento no me hizo ninguna gracia.

Charlando con unas amigas me di cuenta de mi error. Estaba esperando que él adivinara lo que yo necesitaba. No me daba cuenta de que, para la mentalidad masculina, si no pido nada quiere decir que no necesito nada. Dicho de otro modo, si me hace falta su ayuda, deberé solicitarla. Y no de modo genérico, como jugando a las adivinanzas, sino de modo claro (¡y con pocas palabras!).

Compartiendo la vida en familia, ahora no hace falta decir tantas cosas entre nosotros. Ya nos conocemos, de modo que basta un gesto mío, o una situación repetida para que Luis se dé cuenta y me pregunte, por ejemplo: «Estás muy cansada ¿no?, yo me encargo de lavar la vajilla». Al inicio de nuestro matrimonio yo debía pedírselo, ahora sale de su interior por el aprendizaje que juntos hemos logrado.

Sugerencias: ¿Espero que mi cónyuge adivine lo que necesito? ¿O se lo pido de modo sencillo y directo?

He de reconocer un defecto típico de algunas mujeres: entregarse de modo exagerado, acumulando a su vez en su interior enojos y resentimientos porque no logran la misma actitud del resto de su familia. Respecto a eso alguien decía: «No sirve hacer las cosas para otros acompañándolo con rezongos y quejas». De mi infancia recuerdo sobre todo a una de mis abuelas que tenía esa costumbre. Si nadie la ayudaba, en vez de pedirlo de buena manera, aprovechaba cualquier ocasión para quejarse de su esposo, de sus hijos mayores o de otras personas que no estaban colaborando. Y, paradójicamente, a veces cuando alguien se ofrecía, decía que no, ¡que ella se arreglaba sola!

En los tiempos actuales creo que hemos avanzado en esto. Nos parece natural una mayor colaboración del varón en las tareas del hogar, partiendo del hecho de que muchas mujeres trabajamos como ellos fuera de casa. Esto nos impulsa a dialogar todos estos temas, evitando el repetido error de dar por supuestas algunas cosas, de interpretar de modo negativo las actitudes del otro, etc. Si Luis no me ayuda en casa, sé que no es porque me ha dejado de amar. Puede ser que no se haya dado cuenta de que lo necesito, o está muy absorbido por alguna preocupación. La prueba es que, si le pido su colaboración, suele dejar lo que está realizando y se pone a trabajar conmigo por bien de nuestra familia.

Una vez más hay algo esencial para que esto funcione bien: dialogar entre nosotros con actitud de apertura y sinceridad. Eso nos ha permitido comprender cada vez mejor cómo se siente el otro cuando se siente apoyado, o cómo cuando no recibe ese apoyo. Porque, a la vez, no toda tarea significa lo mismo para cada uno. Por ejemplo, a Luis le gusta cocinar ciertas comidas, mientras que para mí cocinar es un sacrificado acto de amor hacia mi familia. A él le cuesta lavar y ordenar la ropa de la familia, mientras que a mí no me supone una molestia.

Sugerencias: En nuestra familia ¿nos interesamos y apoyamos unos a otros? ¿O cada uno se las arregla por su cuenta y como puede?

INFLUIDOS POR EL AMBIENTE (1)

Ante las malas influencias externas y las crisis internas, mi esposo Luis y yo hemos aprendido que no nos queda otro camino que crecer desde dentro como personas y como matrimonio. A cada uno le ayuda reconocer lo que está pasando interiormente, qué siente, y aprender a expresarlo al otro sin acusaciones, de modo sencillo, como gesto de amor. Cuando el otro miembro de la pareja conoce mi interior, obrará de modo distinto a cuando me juzga desde fuera y en la distancia. ¡Cuántas veces me he apresurado a pensar algo negativo de Luis, enterándome después por su boca de que estaba serio por un motivo muy diferente del que yo imaginé!

Me parece que el paso del amor incondicional propio de los primeros tiempos, al amor cada vez más condicionado, es parte del creciente realismo matrimonial. Antes el amor nos lo regalábamos de modo fácil y abundante, sin fijarnos tanto en lo que hacía o dejaba de hacer nuestra pareja. Ahora no dejamos de observar y juzgar si el otro da más o menos que yo. Cuando en nuestro matrimonio entra el cálculo en todo, quiere decir que el amor se nos ha entibiado bastante y se nos ha oscurecido el horizonte de nuestra vida de familia.

Todo esto tiene que ver con la necesidad de los seres humanos de expresar lo que estamos viviendo por dentro. Y de ser escuchados de corazón, como detallaré más adelante. Si eso no se da, aunque nuestra comunicación sea abundante, no será profunda. Hablaremos de hechos externos, pero nuestro interior quedará tan olvidado como una vieja habitación a la que nunca entramos. Así el corazón de ambos quedará insatisfecho. Además, sin profundidad en la comunicación es imposible crecer como pareja, sobre todo cuando las crisis llaman a la puerta.

Sugerencias: ¿Estamos lo dos realmente satisfechos del modo en que nos comunicamos?

Influidos por el ambiente (2)

No tanto para mí, pero para Luis sí fue una sorpresa la expresión escuchada en una charla de la escuela de nuestros hijos: «Siempre experimentamos sentimientos, aunque no siempre los atendemos o comprendemos de dónde vienen». Como varón él le había prestado poca importancia a ese mundo. Como en las ocasiones en que le pregunto «¿cómo te sientes?» y me responde con un «bien» genérico, que no me aporta casi nada respecto a cómo se está sintiendo. En esos momentos yo no me conformo y le hago más preguntas que le ayudan a sacar algo de la riqueza de su corazón.

Es verdad que no podemos dejarnos llevar por los sentimientos de modo ciego. Pero tampoco es saludable desconocerlos, pues son una señal importante de qué estoy viviendo, especialmente en lo referido a nuestra relación de pareja. Más de una vez he escuchado compararlos con un tablero en el cual se encienden luces de diversos colores de acuerdo a que el aparato que se está usando funcione bien o tenga algún problema. También los seres humanos tenemos nuestras «luces verdes» que, como en un semáforo, nos animan a avanzar sin temor. Pero otras veces se nos encienden las «luces rojas» y nos vemos obligados a detenernos, aun contra nuestra voluntad.

Reconozcamos que en la cultura tradicional esta expresión de sentimientos ha sido más difícil para los varones, porque se lo ha considerado una muestra de debilidad. Se lo ha visto como algo propio de mujeres o de niños, algo vergonzoso y opuesto a cómo debe actuar una persona racional que se hace cargo de ser el principal sostén de su familia. Mucho debimos dialogar Luis y yo para lograr entendernos en este punto y transmitir lo aprendido a nuestros hijos, una mujer y dos varones.

Sugerencias: ¿Tomo en cuenta mis sentimientos y los de mi cónyuge para buscar decisiones acertadas en nuestra vida de pareja?

Influidos por el ambiente (3)

«Cada persona necesita en algunos momentos tocar fondo respecto a su propio interior, tomando conciencia realista de qué es lo que está sintiendo». Esa afirmación de una compañera mía psicóloga me interesó tanto que tomé pronto nota de ella. A eso sumaba ella la necesidad de compartir lo sea necesario con nuestra pareja, siempre que eso nos ayude a vivir más unidos y nos impulse a ayudarnos el uno al otro. En este sentido las crisis de pareja, aunque no son agradables, pueden ser muy útiles para iniciar una etapa renovada en nuestra relación.

A Luis y a mí nos ayudó mucho descubrir que nuestros sentimientos son reacciones propias, de las que no podemos culpar al otro. La principal causa de ellos está en mi persona, en mi historia de vida, en mi modo de ser. El otro despierta en mí lo que de algún modo estaba «dormido». Por eso ciertas personas somos sensibles a algunos temas y otras no.

En definitiva, lo fundamental es el esfuerzo de cada uno para comprender desde dentro lo que el otro está viviendo, sin pedir explicaciones ni cuestionarlo. Sentimos de modo diferente porque somos personas distintas. Y es esa diversidad la que enriquece la vida de pareja. Comprendida, permite una relación mucho más armónica entre nosotros dos.

Sugerencias: ¿Asumo mi principal responsabilidad respecto a los sentimientos que vivo? ¿O tomo el fácil camino de hacer responsables de ellos a otras personas?

INFLUIDOS POR EL AMBIENTE (4)

Reconozco que en la historia de nuestra vida matrimonial ha habido momentos en los que yo no sabía cómo manifestar a Luis lo que me sucedía. Mi angustia interior era grande, pero ni yo sabía explicármela. Por eso tampoco se la podía transmitir de modo claro a él. Era una suma de sentimientos, insatisfacciones, anhelos..., todos enredados, como un ovillo de lana que se ha caído al suelo.

En algún momento de serenidad habíamos hablado de estas circunstancias, que yo había conocido por alguna amiga mía. Nos pusimos de acuerdo en no agobiarnos el uno al otro. Hemos de darnos tiempo para que cada uno haga su proceso, eso sí, evitando dañar de modo serio a los demás miembros de nuestra familia.

En un caso así yo le pedía a Luis que me esperara, me acompañara en silencio, me abrazara o simplemente me dijera que me seguía amando. Con eso yo me sentía más tranquila y apoyada, aunque no pudiera ver en ese momento la salida. Estos eran procesos a veces breves, otras más extensos. Pero lo bueno es que siempre logré volver a la normalidad, reafirmando en estas pruebas el amor incondicional que ambos nos tenemos.

Alguna vez esto le sucedió a Luis, con lo cual tuve ocasión de devolver el favor. Lo complicado es que no lo expresaba de modo inmediato y claro. Pero años de convivencia me permitían sospechar que algo le sucedía. Dialogábamos a solas, lo admitía, y yo le recordaba que era entonces yo la que estaba dispuesta a esperarlo, apoyarlo en lo que necesitara, orar por él, etc.

Sugerencias: En nuestra pareja ¿nos han sucedido situaciones como las que aquí relata Claudia? ¿Cómo hemos obrado en esas circunstancias?

Continuando nuestros descubrimientos (1)

Para poder ser buena pareja con otro he de conocerme como soy y aceptar esa realidad, amarla con todos sus valores. Porque si estoy «peleada conmigo» y con mi manera de ser, esa disconformidad se traducirá, tarde o temprano, en conflictos con los demás, sobre todo con los más cercanos. Me sentiré impulsada a echar la culpa a los demás de mi tristeza, sembrando así amargos sentimientos a mi alrededor.

Si obro así, resaltarán mis aspectos negativos, como si fuera lo único que tengo para ofrecer a mi pareja. O, por el contrario, en mi esfuerzo por ocultar cómo soy, terminaré exagerando mi conducta hacia el lado contrario. Por ejemplo, si no quiero que descubran que me siento débil, exageré mi fuerza e indiferencia frente a los problemas que nos amenazan.

Pero voy a vivir mi vida una sola vez y no puedo salir de la persona que soy, de modo que lo más sabio será abrazar la vida que he vivido hasta ahora, porque es mía. Amarla como ha sido y como es. Construir en base a mi historia pasada el mejor futuro que sea posible junto a mi pareja.

Sugerencias: ¿Acepto mi persona y mi modo de ser actual? ¿O estoy siempre soñando con ser lo que no soy?

Continuando nuestros descubrimientos (2)

Todos los años compartidos con Luis me han demostrado cuántos dramas han nacido y crecido entre nosotros por no escucharnos de corazón. La rutina diaria me impulsa a oír solamente la información que él transmite, sin prestar atención a su persona, a lo que necesita, a lo que de modo oculto me está pidiendo. Así nos volvemos extraños el uno para el otro, obrando como socios de la «empresa» que sería nuestra familia. A veces estamos cada uno en una habitación hablándonos a lo lejos mientras arreglamos nuestras cosas o revisamos datos en nuestro ordenador.

Otras veces caemos más bajo: cada uno está metido en su mundo, con sus temas y sus problemas. Parece que no queda lugar para el otro y sus cosas; solo me interesa lo mío. Entre nosotros lo hemos vivido, sobre todo con ocasión de alguna fuerte discusión. Cada uno por su lado se hace la idea de que no necesita al otro, de que puede vivir bien sin él. Eso no es verdad, pero el enojo permite fabricar esa fantasía que (gracias a Dios) suele durar poco entre quienes de verdad nos amamos.

En ocasiones nos miramos poco a la cara con cariño, estamos más atentos a las tareas para hacer o a las muchas «pantallas» que actualmente pueblan nuestros días. Luis pasa buena parte de la jornada ante una pantalla en su oficina; como le comenté, a veces traslada esa costumbre a casa, lo que por momentos lo aísla de mí. Quizá hacemos lo mismo con nuestros hijos, viviendo en casa como huéspedes de un hotel, más que como miembros de una familia. Todos sufrimos de corazón esta frialdad, pero ¿quién será la persona generosa que dé el primer paso para romper este círculo vicioso?

Sugerencias: ¿Dialogamos cara a cara con frecuencia? ¿O dejamos que se interpongan entre nosotros demasiadas pantallas?

Continuando nuestros descubrimientos (3)

A veces me siento sobrecargada. Llego a casa, esperando que Luis me pregunte cómo me fue. Él está ocupado en sus cosas, por lo cual más de una vez me saluda de modo casi mecánico, y yo me quedo con toda la carga pesando en mi corazón. A veces siento enojo si él no me pregunta cómo me he sentido en la jornada laboral, o no me da tiempo suficiente para contarle lo que me está preocupando o alegrando.

Sobre todo entre semana, ando todo el día corriendo de un lado para otro, a veces con gran necesidad de hablar. Pero a la vez estoy tan agotada que pienso: «ya lo haré mañana». Y al día siguiente comienzo con todas las obligaciones nuevamente: preparo la cena, mientras insisto para que alguno de ellos entre a bañarse, compruebo que la ropa de todos esté pronta para el día siguiente, intentar que nuestros hijos no se pasen todo el día frente a una pantalla, y participen más de la vida de familia, ayudando en la casa. Cuando llega la noche sigo con deseos de dialogar sobre mí, sobre nuestros hijos, sobre nosotros dos.

El fin de semana o algún festivo logramos un poco de respiro en esta carrera semanal. Aunque seguimos con las actividades hogareñas, nos esforzamos por crear momentos de diálogo entre nosotros dos, aunque sean breves. Y algún otro que incluya a alguno de nuestros hijos o a los tres a la vez. Esta es la lucha que llevamos adelante, con cansancio, pero con fe de que tantos esfuerzos van dando poco a poco sus buenos frutos.

Sugerencias: Si en nuestro hogar hacemos intentos por estar mejor comunicados, ¿tengo fe en que «tantos esfuerzos van dando poco a poco sus buenos frutos»?

¿Cómo relacionarnos? (1)

Una tentación frecuente entre mi esposo Luis y yo ha sido la de dejar de lado nuestros problemas de esposos, con la ilusión de que por sí solos desaparecerán, que se curarán con el tiempo. Pero eso casi nunca sucede. Usando una terminología médica, nuestros problemas pasan de «agudos» a «crónicos». O sea, de ser una dificultad del momento, pasan a ser un modo conflictivo y acostumbrado de relacionarlos. Podríamos haber atenuado ese problema. Pero no hicimos nada. A la vez, nos ilusionamos pensando que el tiempo hará que las cosas vuelvan a su lugar.

Por el contrario, hay ocasiones en que uno de los dos plantea de modo abierto y sincero una dificultad que se repite entre nosotros dos. En ese caso, vemos conveniente escucharnos con respeto, sin interrumpirnos. Solemos cumplir lo pactado, lo cual nos ayuda a decirnos las cosas con menos problemas y enojos. A veces no tenemos una solución inmediata para lo que acontece. Pero el hecho de ser sinceros, de poder cada uno decir lo que le preocupa y sentirse escuchado, ya es un gran avance. La solución llegará (o no), pero nos hemos demostrado una vez más cuánto nos amamos.

La actitud contraria (que también nos ha sucedido), es comenzar a contar nuestros problemas a alguna persona amiga, al menos para desahogarnos. Al principio llegará el alivio. Pero no la solución a una dificultad que solo podemos encontrar los implicados: Luis y yo.

Sugerencias: Cuando aparecen problemas importantes en nuestra pareja ¿los hablamos a tiempo o dejamos que, de agudos, se conviertan en crónicos? ¿Qué frutos recogemos de ese modo de actuar?

¿CÓMO RELACIONARNOS? (2)

Aunque no nos guste, hemos de reconocerlo: no existe vida de pareja sin problemas ni discusiones. Por eso la meta no será evitar discutir, sino hacerlo de modo adecuado. ¿Qué significa esto? Lo primero que necesitamos es, en momentos de serenidad, conocer el modo de actuar de Luis y el mío cuando las peleas llaman a la puerta. Porque en medio de una discusión es casi imposible que alguien reconozca eso. El calor del momento hará que cada uno se encierre en su posición, se defienda del mejor modo posible e incluso ataque al otro.

Mucho nos ha ayudado conocernos y reconocer nuestros puntos fuertes y débiles. Hemos mejorado nuestras discusiones con algunas estrategias como estas:

- Preguntarnos por dentro (y si puede ser por fuera, al otro) si vale la pena iniciar una discusión respecto al tema que nos ocupa. Más de una vez se ha «disuelto» en risas un inicio de pelea, cuando nos hemos dado cuenta de que estábamos haciendo el ridículo, al enfrertarnos por un tema tan pequeño.

- Dejar que el otro termine de hablar. A la vez, tratar de no ser demasiado extensos en lo que decimos, para no impacientarnos entre nosotros. Reconozco que a mí es a quien más le ha costado. Finalizar lo que digo me permite canalizar el desahogo y, a la vez, sentir que Luis me está escuchando.

Sugerencias: ¿Dialogamos de modo sereno sobre nuestras diferencias en periodos de paz? ¿O solo emergen, de modo agresivo, cuando hay una pelea entre nosotros?

¿CÓMO RELACIONARNOS? (3)

Continúo con algunas de nuestras estrategias para discutir:

A veces el tema es complejo y nos cuesta escuchar al otro. Para esos casos yo propuse, y Luis aceptó, separarnos un rato y poner de modo breve nuestro punto de vista por escrito. Después nos lo intercambiamos. No siempre nos ha funcionado este método, pero en ocasiones nos ha permitido ser más concretos y que nos entendamos mejor. A veces la respuesta al otro también ha sido escrita, cuando hemos visto que nos sería difícil dialogar.

A pesar de todos nuestros esfuerzos, a veces no avanzamos en la discusión. ¿Qué hacer? Una amiga me sugirió algo que a ella le daba buenos resultados con su marido. Me dijo: «Cuando no puedan ponerse de acuerdo, no sigan insistiendo. Dejen de hablar y dense un abrazo largo sin palabras. Si pueden sigan con un beso y todo lo que el ambiente les permita expresar…». Al principio me hizo gracia la idea de mi amiga. Se la comenté a Luis y quedamos en probarla. Me sorprendí cómo este modo de obrar podía diluir discusiones que tenían que ver más con sentimientos negativos de nosotros dos que con temas concretos.

Alguien dijo que «la mejor discusión es la que se evita». Pero esa frase puede ser mal entendida. No se trata de dejar de lado los problemas, sino de preverlos y salirles al paso antes de que se agraven. Este asunto que ahora dialogamos con cierta tranquilidad, si lo dejamos pasar en vez de hablar sobre él, se nos convertirá en un motivo de enfrentamientos entre nosotros. Bien podemos evitar esa pelea hablándolo a tiempo. Es lo que algunos llaman obrar de modo «proactivo» en vez de «reactivo». O sea, no conformarnos con «apagar incendios», sino prevenirlos.

Sugerencias: ¿Tenemos claro que muchas discusiones de pareja tienen más que ver con cuestiones emocionales que con temas concretos? ¿Qué conclusiones prácticas sacamos de eso, tomando en cuenta lo que dice este apartado?

¿Cómo relacionarnos? (4)

La calidad de nuestra relación tiene mucho que ver con la profundidad de nuestra comunicación. Si ella es pobre, será señal de que la relación es también pobre. Pero si nos animamos a dialogar con tiempo cosas profundas y sensibles, podremos crecer en nuestro diálogo, sintiendo que somos el uno para el otro.

En eso nosotros somos una pareja típica. Cuando nos hemos propuesto mejorar nuestra comunicación él ha tenido que hacer un esfuerzo para hablar más sobre su persona y lo que le sucede. Y yo necesité abreviar mis tiempos, no ser tan detallista, yendo a lo esencial. Con algo de humor acordamos que, cuando me alargo demasiado, con una sonrisa en la cara me haga con los dedos la señal de abreviar, o la imagen de una tijera para «cortar» un comentario demasiado largo. Cuando le veo hacer eso me río, detengo mis comentarios y suelo pasarle la palabra. Él contento.

También es signo de la calidad de nuestra relación la existencia (o ausencia) de expresiones físicas de cariño por parte de ambos. En realidad lo que hacemos con nuestro cuerpo suele expresar realidades más profundas que lo que decimos con nuestras palabras. Ellas sirven para acompañar, pero no para sustituir los diversos gestos de amor. Esto es algo que nos salía naturalmente cuando éramos novios o recién casados. Pero lo que al principio era «regalo», ahora se ha vuelto «tarea». Aun así no hemos de dejarnos llevar por la gris rutina, sino que habremos de encontrar ocasiones para dar nuevo vigor al amor que nos une.

Desde niños nuestros hijos nos han visto abrazarnos de modo cariñoso. Yo les miraba a los ojos y notaba la inmensa felicidad que eso les brindaba. Tan grande como la tristeza que muestran cuando alguna vez discutimos delante de ellos...

Sugerencias: En nuestro diálogo de pareja ¿le damos su lugar a las expresiones de cariño entre nosotros? ¿O confiamos en solucionar todo solo con palabras y argumentos?

¿CÓMO RELACIONARNOS? (5)

De vez en cuando dialogo con alguna de mis amigas de mucha confianza sobre nuestra vida matrimonial. Luis lo conoce y le parece bien, pues sabe que son muy discretas. Con mi amiga Laura hace poco me di cuenta de que, si en el matrimonio no comunicamos lo profundo que hay en cada una de nosotras, pueden suceder una de estas dos cosas:

1. O eso queda encerrado, como algo secreto que nos pesa y no sabemos a quién contarlo. Aunque esto parece suceder más a los varones, las mujeres no estamos exentas de este riesgo, sobre todo cuando ocupamos un puesto en la sociedad donde hemos de cuidar nuestra imagen pública.

2. O lo vamos contando a alguna otra persona, con lo que nuestro cónyuge va perdiendo importancia afectiva para nosotras. La sensación será que hay otras personas más comprensivas y abiertas que nuestro esposo (o esposa). No siempre sucede, pero este camino implica el riesgo de infidelidad, al menos del corazón, cuando no a nivel físico.

Sugerencias: ¿Es mi pareja la principal destinataria de los diálogos íntimos?

Capítulo 4: Diferentes y complementarios

Nuestra sexualidad de esposos (1)

Luis y yo vivimos la sexualidad como un área fundamental de nuestra vida. Es mucho lo que compartimos entre nosotros, a veces constatando nuestro crecimiento, otras lamentando las dificultades del momento. Desde que nos casamos sospechamos que más adelante surgirían numerosos conflictos, de los que tenemos especial experiencia en estos 18 años de matrimonio. Este aspecto de nuestra vida de pareja no iba a ser distinto a los otros que compartimos.

Bien manejada, la dimensión sexual de nuestra vida de esposos nos ha permitido importantes crecimientos y reconciliaciones. Nuestro modo de vivir la sexualidad es un importante indicador del estado de salud de nuestra relación. No todo es sexo en el matrimonio, pero ciertamente, en los momentos de intimidad, aparece lo bueno (y lo no tan bueno) de nuestro modo de ser y relacionarnos.

Alguien ha dicho que «donde habitan los mayores amores y encuentros, se ocultan los mayores desencuentros». Puedo atestiguar que es así. A veces, sin darnos cuenta, lo que se inició como un momento romántico entre nosotros ha terminado en una discusión o un distanciamiento. Otras veces, desde ese distanciamiento hemos logrado avanzar hacia una cálida intimidad, por la inteligente iniciativa de uno de los dos.

Sugerencias: ¿Cómo he vivido nuestra sexualidad de pareja hasta el presente? ¿Eso es satisfactorio para ambos?

Nuestra sexualidad de esposos (2)

Idealmente, nuestra sexualidad es un modo especialmente profundo de expresar cuánto nos amamos. Pero los lenguajes humanos son limitados: podemos usarlos para dividirnos o incluso para dominar al otro. La sexualidad humana puede expresar amor, pero también agresividad y dominio.

Luis y yo vivimos el primer «tiempo de gracia» de nuestra intimidad sexual como un periodo donde todo parecía novedoso, insuperable, como en las mejores películas. Ansiábamos unirnos y disfrutar plenamente esos momentos de gozo e intensa comunicación. Pronto nos dimos cuenta de que también en este aspecto el regalo inicial traía oculta una gran tarea: lograr que el encanto de nuestras íntimas expresiones de amor no se volviera rutina, mantuviera su gracia, expresara lo vivo que está nuestro amor.

En estos años de matrimonio hemos ido construyendo nuestra historia con altibajos. Podría contar momentos sublimes, que nos llevaron a sentirnos «como en el cielo». Y otros tan poco románticos que desearía quitarlos de la historia de nuestra relación.

Sugerencias: ¿Logramos convertir el «tiempo de gracia» inicial en una buena tarea entre los dos, para hacer de nuestra sexualidad un medio de comunicación amorosa?

Nuestra sexualidad de esposos (3)

Junto a Luis he descubierto que el desafío es integrar nuestras íntimas expresiones de amor dentro de un estilo de vida marcado por la entrega y el interés por el bien del otro y el de nuestros hijos. Porque la actividad sexual por sí misma poco puede ofrecernos si no entra a formar parte de nuestro proyecto de familia.

Tiempo atrás dialogamos con el P. Carlos, nuestro párroco, y otros matrimonios sobre la intimidad matrimonial. Él nos decía que, salvando las distancias, con ella sucede como con la misa del fin de semana. A la que llevamos lo que hemos vivido en la semana que pasó. De ella sacamos fuerzas para iniciar la semana que comienza. Así también, los esposos hemos de llevar a la intimidad lo mejor del amor compartido fuera del lecho. A la vez, de las expresiones de cariño y ternura sacaremos fuerzas para continuar luchando en bien de nuestra familia y de todos los que nos rodean.

Si no lo hacemos así, nuestra sexualidad matrimonial se reducirá a actos aislados, con cierto nivel de un placer que pasa con rapidez, pero con poco aporte a la unidad y el crecimiento del matrimonio. Sabemos que los placeres pasajeros pronto pierden valor y sentido si no logramos integrarlos en una historia de amor construida juntos.

Sugerencias: Con nuestra sexualidad ¿nos entregamos por amor uno al otro? ¿O más bien buscamos el placer físico de cada uno?

Desde el inicio de nuestro matrimonio pudimos confirmar lo que ya sabíamos: el modo tan distinto de vivir nuestra sexualidad en tanto mujer y varón. Afortunadamente, ya de novios hablamos con apertura sobre nuestras ideas y propuestas en este tema. Recuerdo haber gastado horas de diálogo intercambiando puntos de vista, salpicados de numerosas bromas y ejemplos de parejas amigas.

Como mujer tiendo a privilegiar lo que podríamos llamar la dimensión «romántica» del sexo. Necesito de un clima adecuado, de que nuestra relación de esposos durante el día haya sido positiva y de otros detalles más. Sin ese ambiente no le encuentro sentido a iniciativas de amor que no estarían expresando nada verdadero. Reconozco que en todos nuestros años de matrimonio a veces hemos intentado unirnos sexualmente sin ese ambiente favorable. Los resultados han sido generalmente pobres y hasta negativos.

Por eso, en más de una ocasión, nuestra intimidad nos ha invitado a un diálogo sincero que nos acercara, en vez de concretarse en un acto físico que nos podía alejar. En nuestro diálogo a solas a eso lo llamamos «acercar corazones antes de unir nuestros cuerpos». Una unión física sin la unión de nuestros corazones nos llevaría a estar concretando solo un simulacro de amor que seguramente no nos conformaría.

Sugerencias: ¿Acercamos corazones antes de unir nuestros cuerpos? ¿O consideramos la unión sexual solo como algo que tenemos que hacer, como una rutina más?

Nuestra sexualidad de esposos (5)

Uno de los puntos importantes que dialogamos de vez en cuando es la diferencia entre lo que proponen los medios de comunicación respecto al sexo y nuestra experiencia de esposos. Si nos dejáramos guiar por los medios, deberíamos ser eternamente jóvenes, con cuerpos maravillosos, siempre dispuestos a vivir apasionantes encuentros íntimos.

Pero la realidad cotidiana suele ser muy distinta. Ambos preferimos partir de ella, y así construir un amor sexuado, no de novela ni de publicidad, sino basado en la realidad de lo que somos y podemos. Hemos aprendido a apreciar lo que tenemos, para ofrecernos como personas reales, con nuestros defectos físicos.

Al inicio de nuestro matrimonio yo estaba preocupada por algunos detalles de mi cuerpo que podían no agradar a Luis. Tuve el acierto de comentarle esto durante nuestro noviazgo. Él me tranquilizó, diciéndome que no se quería casar con una modelo de cuerpo escultural, sino conmigo, con mis cualidades y limitaciones. Y que esperaba por mi parte una actitud igual. Mucha tranquilidad me trajo este comentario suyo que nos permitió relacionarnos en la intimidad sin muchos complejos, asumiendo y amando nuestros cuerpos tal como son.

Sugerencias: ¿Vivimos nuestra intimidad sexual de esposos con libertad, sin obsesionarnos por cumplir con los modelos que nos proponen hoy los medios de comunicación?

Nuestra sexualidad de esposos (6)

Hace unos días nos reunimos un grupo de amigas que hacía tiempo que no nos veíamos. Cada una comentó lo que quería, pues era un encuentro sin un tema especial. Algunas hablaron sobre nuevos tratamientos de belleza y problemas con tal o cual aspecto de su cuerpo. Una dijo que estaba pensando hacerse una cirugía estética para mejorar el tamaño y forma de sus senos.

Yo escuchaba con atención y me sentía un poco fuera de lugar. Entendía sus justificaciones, pero agradecía a Dios no necesitar preocuparme tanto por mi estética, por el lugar relativo que damos con Luis a este tema en nuestro matrimonio. Pasado un rato, una de mis amigas me notó muy callada, y me preguntó qué opinaba yo de estos temas.

Traté de no ser brusca, valorando un cuidado razonable del propio cuerpo tanto por motivos de salud como de estética. Pero dejé claro que en mi matrimonio eso no era lo más importante. Que Luis y yo, después de hablarlo algunas veces, hemos podido aceptarnos con nuestros defectos y limitaciones. Y que para ambos este era un buen seguro para cuando el paso de los años fuera dejando sus huellas en nuestra piel y en nuestros cuerpos.

Sugerencias: ¿Qué comentarios y opiniones recojo del ambiente respecto a la sexualidad? ¿He aprendido a ser sanamente crítica, crítico frente a lo que dice la mayoría?

Nuestra sexualidad de esposos (7)

Mis amigas escucharon con atención mi argumento. Saben que soy de reflexionar y dialogar todos los temas de matrimonio y familia, así que les interesaba bastante mi punto de vista. Apenas terminé, aparecieron comentarios diversos sobre lo que dije. Alguna afirmó que, de todos modos, no nos podemos descuidar con la parte estética.

Alguna dijo que yo era afortunada por tener un esposo tan comprensivo, que no me presionaba en cuanto a mi cuerpo y me amaba como soy. Yo insistí en que esto no era tanto «buena suerte», como sí fruto del esfuerzo por elegir a la persona adecuada como pareja y compartir valores más profundos, dando un lugar relativo al aspecto exterior de cada uno de los dos.

Otros aspectos surgieron de este tema que siempre nos interesa a las mujeres, casadas o no. En general, mi impresión es que hoy se sobrevalora el aspecto exterior como aquello que asegura el éxito de la mujer dentro y fuera del hogar. Creo que está bien cuidarnos tanto por salud como por estética, pero que no hay que vivir obsesionadas por ese punto. Noto con claridad cómo terminamos siendo esclavas de modelos estéticos casi inalcanzables, lo que generan grandes ganancias para quienes proponen siempre nuevos métodos de belleza.

Sugerencias: A medida que pasan los años ¿me preocupo en exceso por el aspecto exterior de mi cuerpo? ¿O me descuido en este punto? ¿He dialogado con sinceridad todo esto con mi pareja?

NUESTRA SEXUALIDAD DE ESPOSOS (8)

Este encuentro con amigas resultó tan interesante que nos juntamos de nuevo una semana después. Dos de nosotras se habían combinado para proponer el tema inicial de nuestro diálogo. Lo resumieron en esta pregunta: «¿Qué podemos hacer cuando anda mal el aspecto sexual en nuestra pareja?». Dijeron «pareja» porque algunas de ellas no están casadas, pero tienen una pareja estable con la que comparten diversos niveles de intimidad.

Esto dio lugar a distintas opiniones. A partir de lo dialogado la semana anterior, algunas pensaban que la mujer tenía que aportar mucho, haciéndose más interesante para el varón. Otras añadieron la importancia de tomar la iniciativa, de modo que él experimente que siempre hay algo nuevo para vivir junto a su mujer. Alguna sumó referencias más concretas en cuanto a técnicas nuevas para vivir las relaciones íntimas, alguna publicación ilustrativa o página web, etc.

Dos de nosotras, sin descartar alguna ayuda de las nombradas, pusimos el acento en el conjunto de la relación de pareja. Coincidimos en que una buena sexualidad debiera ser el fruto de una buena relación general entre los dos. Que no basta con vivir intensos momentos en la cama si el resto de la vida compartida está mal encaminada, o predomina la búsqueda obsesiva de los intereses personales. Agregamos que solamente este contexto amplio permite que la intimidad sexual de dos personas permanezca en el tiempo. Lo contrario hace que sea interesante al inicio, por la novedad, pero pronto el interés se dirige a otras experiencias. Esto, que antes sucedía mucho más en el varón, ahora se ha vuelto un modo de actuar frecuente también entre algunas mujeres.

Sugerencias: Buscaré dar una respuesta personal a la pregunta de este apartado: ¿qué podemos hacer cuando anda mal el aspecto sexual en nuestra pareja?

DÁNDOME A CONOCER A LUIS (1)

Una de mis costumbres que más le llamaba la atención a Luis ya de novios era cuánto hablo sobre mí, sobre él, sobre las personas en general. Nos llevó buen tiempo de intercambio que entendiera que esto es lo natural en mi modo de ser.

Que hablando me aclaro las ideas, libero mis preocupaciones, me siento conectada con otras personas.

A esto se sumó el modo en el que presento los problemas. Luis lo hace de modo breve y lógico. Yo los expreso como me va saliendo, a veces a borbotones, como cuando se rompe un dique. Mi esposo se me queda mirando con cara de comprender poco. Si le pregunto, me suele decir que ha entendido algo, pero que no le queda claro cuál es el núcleo del problema que planteao.

En realidad, tras mi locución, me he desahogado de lo que me preocupaba; y he aprendido que, después de eso, hace falta que le informe dónde poner la atención para que me entienda. Las mujeres podemos atender varias cosas y tener en mente diversos procesos personales. Los varones no se especializan tanto en eso. A Luis le alegra cuando consigo sintetizar en una o dos frases todo lo que he dicho antes. Ese ha sido un buen punto de partida para que dialoguemos sobre lo que me preocupa.

Sugerencias: Cuando hablo con mi pareja ¿trato de adaptar lo que expreso a lo que pueda entender? ¿O me desahogo de cualquier manera, aunque para su persona esto resulte confuso?

Dándome a conocer a Luis (2)

Ser pareja nos ha permitido conocernos cada día más como mujer y varón. Con él aprendí a buscar lo central de lo que nos sucede, evitando perderme en infinitos detalles. Al inicio yo le comentaba cada historia con tantos matices que él perdía de vista lo principal. Terminaba de hablar y él me decía algo así como: «bueno, creo entender algo de lo que dijiste; pero, al final, ¿cuál es el problema que tanto te preocupa?».

En ese momento yo estaba más serena, tras haberme desahogado. Hacía el esfuerzo de buscar el núcleo del problema y se lo decía con pocas palabras. Entonces podíamos dialogar sobre algo comprendido por los dos. Ya Luis había asumido mi necesidad de volcar de modo desordenado mi manojo de sentimientos, para después dar paso a una conversación más serena.

Aún falta un tercer paso. Cuando lo concretamos juntos nos dio paz, de modo especial a mí, que era la más preocupada. Después de desahogarme (paso uno), de dialogar más serenos el problema (paso dos), terminábamos abrazados o con algún otro gesto de cariño y unidad (paso tres). Más de una vez le hablé a Luis respecto a la importancia de este tercer paso para sentir que estábamos plenamente unidos en el tema que me preocupaba. Y que, pasara lo que pasara, siempre seguiríamos así, luchando juntos por nosotros dos y nuestros hijos.

Sugerencias: Los diálogos más importantes de pareja que tenemos a solas ¿contienen suficientes expresiones de afecto y reconciliación entre nosotros?

Dándome a conocer a Luis (3)

Un caso especial entre nosotros se dio en las ocasiones en que me he sentido decaída sin entender porqué. Luis habla poco, pero es muy perceptivo. Me preguntaba qué me pasaba, que me veía triste, que no era la misma de siempre. Yo reafirmaba su percepción, pero con lágrimas en los ojos le decía que no sabía, que ni yo misma me entendía.

La primera vez temí que él se enojara, o que tomara alguna otra actitud dura. Todo lo contrario. Recuerdo con ternura cómo me abrazó sin palabras, me acariciaba el cabello, trataba de serenarme. Y, sobre todo, me decía esas palabras que me sonaban a cielo: «Claudia, te amo como eres, incluso con tus tristezas y desorientaciones. Tómate el tiempo que necesites, que siempre podrás contar conmigo».

Parecerá raro, pero memoricé esas palabras por lo importantes que fueron para mí. Y porque a partir de ellas y de los gestos de amor de mi esposo, comencé el proceso de salida de mi angustia y de comprensión de algunas situaciones que me estaban molestando. Ambos hemos debido asumirnos como seres humanos limitados que no manejan los sentimientos a su antojo, que han de brindar amor cuando el otro lo necesita, no cuando se muestra más lindo y simpático.

Sugerencias: En nuestra pareja ¿hemos vivido alguna situación semejante a la que comenta Claudia? En caso afirmativo ¿cómo ha obrado cada uno de los dos?

Así somos las mujeres (1)

«¿Por qué comentas tantas veces los mismos problemas?» me preguntó Luis al inicio de nuestra relación siendo novios. Eso le llamaba mucho la atención porque él, por el contrario, me contaba alguna dificultad suya solo una vez. Si necesitaba hacer referencia a ese problemas más adelante, le bastaba con un título como: «es el problema que te comenté el pasado fin de semana».

Yo, por el contrario, volvía a contar toda la historia con el mismo entusiasmo de la vez primera, como si él no la conociera. «¡Ya me lo has contado!», solía ser la expresión de Luis ante mi relato. Yo trataba de explicarle que me hacía bien que me volviera a escuchar, que eso me permitía desahogarme y sentirme comprendida por él.

De niña yo oía a mi madre contar varias veces las mismas historias en animado intercambio con su madre, mi abuela. En ese entonces yo me preguntaba si por ser personas mayores no se acordarían de que la semana pasada habían comentado eso mismo que ahora hablaban con tanto entusiasmo. Una vez que crecí, me encontré haciendo lo mismo que ellas y comencé a comprender. Las mujeres hablamos mucho para desahogarnos, para estar en contacto, sobre todo con otras mujeres y con nuestros hijos. Hablamos porque con eso vamos «tejiendo» un mundo de relaciones con las personas que realmente nos importan.

Sugerencias: La o las mujeres de nuestra casa ¿ponemos nuestra capacidad de «tejer relaciones» al servicio de una mejor convivencia en el hogar?

Así somos las mujeres (2)

«Pero ¿para qué cuentas tantos detalles sin importancia?». Ese era uno de los interrogantes que me planteaba Luis. En ese momento, yo caía en la cuenta de que él me relataba lo suyo de modo breve, casi telegráfico. No era raro que le resultara extraño el extremado detallismo de mis relatos.

Sucede que cuando estoy preocupada o desorientada me voy aclarando a medida que saco de mí lo que me pesa, se lo digo a alguien en quien confío, lo analizo en voz alta. Es curioso. A veces le hago preguntas a Luis y cuando él va a contestarlas, no le doy tiempo, y yo misma doy la respuesta. Ha aprendido que en mi modo de ser femenino esas preguntas no son para que él me diga algo, sino para que, en cierto modo, «reboten» en él y vuelvan a mí para darles respuesta.

En todo esto es fundamental sentirme atendida. Si Luis, o una amiga, o uno de nuestros hijos me está escuchando, se da fácilmente este proceso. Si siento que no es así, o me interrumpen, es como que la «magia» del momento se rompe. Experimento entonces que lo mío no interesa al otro y me hundo en mi mundo de inseguridades. Por eso valoro tanto la paciencia y el cariño con los que mi esposo saca tiempo para escucharme. Eso sí, trato muchas veces de que la extensión de mi relato no supere los límites de su paciencia...

Sugerencias: ¿Hemos descubierto las grandes diferencias que suele haber entre el modo femenino y el masculino de contar historias?

Así somos las mujeres (3)

Luis valora el orden y la conexión lógica de las cosas. Yo le rompo ese esquema con mi modo de ser. El principal factor que me impulsa a hablar muchas veces son mis cambiantes sentimientos del momento. Inicio una frase, quizá la dejo a la mitad y comienzo con otra. Luis me mira entre asombrado y divertido. Sabe que, dejándome hablar un rato, me iré serenando, mis argumentos le resultarán más claros y podremos intercambiar nuestros puntos de vista.

Logrado eso, puede aparecer otra característica mía que también desorienta a Luis. Ocurre cuando comienzo hablando de nuestros problemas y los relaciono con los de nuestros parientes o con personas que solo yo conozco. En esos casos el horizonte se pone turbio, la historia es casi imposible de seguir, salvo para quien la expresa. Luis sonríe, me dice que siga hablando y pone su mirada sobre mí entre divertido y comprensivo.

Ahí me demuestra todo su amor. Sabe que me hace mucho bien que me oiga, que no espero soluciones o respuestas a cada problema, que solo pido ser escuchada, apoyada y quizá al final abrazada. Luis lo ha aprendido. Cuando lo cree conveniente, deja ahogarse mis palabras entre sus brazos, a veces acompañadas con lágrimas de emoción o de dolor salidas de mi interior.

Sugerencias: Más allá de nuestras diferencias, el modo como nos comunicamos en nuestra pareja ¿nos ayuda a conocernos más y estar más unidos, sobre todo en medio de importantes dificultades?

Así somos las mujeres (4)

Pero no siempre he logrado entenderme con Luis. A él le impacienta que yo hable de tantos temas, a veces sin dejar claro si hay que hacer algo para solucionarlos, o si se trata solo de hablar por desahogo. Sobre todo son los detalles, los infinitos matices que tanto me gustan los que parece que más le cansan. «Vamos al grano» me ha dicho mi esposo más de una vez cuando, para decirle algo, coloco una larga introducción llena de pequeñas historias, opiniones breves, etc. «¿Tantas palabras solo para llegar a esta sencilla conclusión?» es otro de los reclamos suyos que me han quedado grabados.

Recuerdo una vez que le comenté un problema de salud de mi madre. Como es habitual, le hice su historia clínica, le conté cómo se sentía hoy y qué podría suceder. Cada vez que Luis intentaba interrumpirme para decir algo, yo le tomaba su mano pidiendo un poco más de tiempo y continuaba con mi interminable relato.

Solo me detuve cuando vi que miraba su reloj, me observaba a los ojos sonriendo y me decía que se le había hecho tarde. Que tenía que salir ya pues se había comprometido a juntarse con un grupo de amigos de la oficina. Solo atiné a abrazarlo, agradeciéndole su paciencia. Él se dejó abrazar, me dio un beso y partió. ¿Lo habré cansado con tanto hablar? ¿Será real esa reunión, o es solamente una treta para finalizar mi largo monólogo con él?

Sugerencias: El modo y el contenido de lo que comento a mi pareja ¿le ayuda a conocerme y a estar unidos? ¿O más bien le cansa y aburre?

Así somos las mujeres (5)

Una vez me comentó Luis algunos recuerdos de su infancia. En general eran agradables. Pero, aunque ahora los relata con cierto humor, noto cómo le molestaba escuchar hablar de modo abundantemente a su madre ante su padre, que había optado por callar y seguir haciendo sus cosas. Este silencio del marido frustraba a su madre, que agregaba nuevos comentarios, detalles inesperados, o simplemente repetía una y otra vez las mismas historias, con un tono más bien quejumbroso.

Siendo niño, Luis tenía la ventaja de poder retirarse de la escena cuando quisiera, ya que lo dicho por su madre no iba dirigido a él. Sin embargo, esas escenas le ayudaron a comprender lo frustrada que se siente una mujer cuando no es escuchada como ella quiere. Más adelante, siendo ya novios, descubrió que el problema de fondo de su madre en aquellos momentos era no sentirse amada como ella quería. O sea, no sentirse escuchada con atención, no recibir respuestas de interés por parte de su esposo.

Eso le ha permitido a Luis crecer en paciencia respecto a mis comentarios primero y algunos que, como joven mujer, hace nuestra hija Inés. De todos modos, con justa razón, de vez en cuando se toma la libertad de cortar lo que se le dice y pedir que lleguemos antes al final de la historia. Está bien que tenga paciencia, pero es justo que no abusemos de ella…

Sugerencias: ¿Cómo equilibramos en casa la abundancia de comentarios de una parte y los deseos de síntesis de la otra?

Así somos las mujeres (6)

A veces mi esposo me ha visto cabizbaja y triste. Si nota que ese estado perdura, se me suele acercar a solas y preguntarme qué me pasa. Más de una vez le he confesado que mi sensación interior es que gran parte de mi trabajo en el hogar no parece ser apreciado por él y nuestros hijos. Que dan por supuesto que debo cumplir con ciertas cosas como un deber y nada más. Y que eso no me conforma ni llena mi corazón.

Es más, a veces me ha sucedido que intento llenar ese vacío con más trabajo «a ver si ahora se dan cuenta de cuánto hago por ellos». Así, aunque logro algún reconocimiento por parte de los otros, no es el más saludable para mí. Me agoto, me pongo de mal humor y todo comienza a andar mal en casa por mi estado de ánimo.

He tenido que hablar mucho de esto con Luis para que comprenda esa necesidad mía de reconocimiento. No pido una alabanza a cada rato, ni poéticas frases sobre mí como esposa y madre ideal. Solo le pido que se ponga en mi lugar, estimule mi dedicación, me brinde algo de la mucha capacidad de amor que tiene en su corazón. Y que algunas veces lo haga frente a nuestros hijos, para que ellos aprendan a ser más agradecidos por lo que reciben de nosotros como padres.

«¿En qué puedo ayudarte?», me dice Luis a veces, cuando me ve muy atareada. Le sorprende que yo le pida que no se retire de la habitación, que se siente y charlemos mientras yo sigo trabajando. Llevado por su espíritu práctico le parece poco, pero yo le he explicado más de una vez que lo que más necesito de él es compañía, apoyo y cercanía. Con solo estar cerca ya hace mucho por mí. Mucho más cuando me dice algo hermoso o me promete unirnos luego en intimidad, como muestra de que nuestro amor sigue vivo como años atrás.

Sugerencias: En nuestro hogar los esposos ¿somos capaces de acompañarnos para superar la soledad y el cansancio del otro?

Capítulo cinco: cartas de amor y comunicación

Las cartas de amor (1)

El camino habitual para encarar diversos asuntos en una pareja es el diálogo espontáneo cara a cara. Muchas veces ese método cumple su finalidad comunicativa, con lo cual los dos quedaremos satisfechos. Pero a veces no es así. Los motivos pueden ser muchos:

- No podemos (o no intentamos) tener momentos a solas, sin interrupciones. Si lo hacemos, puede suceder que en lo mejor del diálogo nos corte una llamada telefónica o alguna otra distracción.

- Uno de los dos habla mucho y el otro expresa poco. Con lo cual el diálogo se hace muy disparejo y poco satisfactorio para ambos. Quien habla se queja de que el otro está callado; quien escucha se muestra «aturdido» por las muchas palabras y quejas que escucha.

- La rutina nos empuja a esforzarnos a hablar cuando no hay más remedio. Pasados los primeros tiempos dorados de la convivencia se nos van agotando los temas, tendemos a decir las mismas cosas, a realizar las mismas preguntas. En una palabra: nos aburrimos uno al otro. Suena duro, pero con frecuencia es así.

Sugerencias: En nuestra pareja ¿descubro algunos de los problemas de los que habla este apartado?

LAS CARTAS DE AMOR (2)

Continúo con diversos signos de que a veces no basta una comunicación verbal espontánea:

- La ocasión en que se vuelven más evidentes los límites del diálogo verbal es cuando estamos en medio de un conflicto de pareja. Nos cuesta mirarnos a la cara e intercambiar palabras. O lo que nos sale de la boca y el corazón son expresiones que empeoran la situación. Para eso, mejor nos callamos. Lo cual abre una grieta de silencio y enojo creciente entre ambos.

- El diálogo se mantendrá a nivel de rutina cotidiana, de intercambio breve de información, evitando de modo cuidadoso todo lo que tenga que ver con la relación personal y los sentimientos. No te digo lo que siento ni quiero que me digas lo que sientes. Con lo cual podemos estar físicamente cerca, pero nuestros corazones se encontrarán muy alejados uno del otro.

¿Qué podemos hacer para salir de este encierro de modo adecuado? Por lo que conozco y hemos puesto en práctica, creo que el mejor camino es lo que suele llamarse la «carta de amor». Es lo que desarrollaré en los siguientes apartados.

Sugerencias: ¿Cómo manejamos nuestro diálogo cuando estamos en medio de un conflicto de pareja?

Las cartas de amor (3)

Lo que aquí llamo «carta de amor» no es una declaración romántica propia de los inicios de nuestro noviazgo. Tampoco es un modo de tapar los problemas, haciendo ver que todo está bien, que no hemos de explorar nuestras diferencias y conflictos. «Carta de amor» verdadera es la que transmite del modo adecuado los sentimientos de quien la escribe, a la vez que ayuda a abrir el corazón de quien la lee, para así compartir lo que ahora está viviendo. Esta es la mejor «definición» que se me ocurre respecto a qué es esa «carta».

Ante esta propuesta, la primera objeción que surge (sobre todo en los varones) es: «yo no necesito escribir; a mí me basta con decir de modo directo lo que quiero». Esto es verdad a veces, pero muchas otras no. Además, la práctica frecuente de la carta de amor en alguna de sus variantes ayuda a establecer un nivel básico y positivo de comunicación entre los esposos que les brinda buenos cimientos para cuando lleguen las crisis y peleas.

El mundo de los sentimientos es complejo, variable y a veces muy confuso. Generalmente la mujer ha recibido más formación desde niña para lidiar con los sentimientos. Pero eso no quiere decir que para nosotras sea fácil. Por su parte, en ambientes tradicionales, el varón ha aprendido que el mundo de las emociones es un tema de mujeres, del cual no vale la pena ocuparse tanto. Dos educaciones tan opuestas en una pareja hacen difícil una comunicación profunda que intente saber qué vive el otro. La carta de amor es un instrumento para equilibrar las diferencias y aprender un método efectivo para comunicarse.

Sugerencias: ¿Cómo han sido nuestras educaciones en cuanto mujer y varón respecto a reconocer nuestros sentimientos y expresarlos al otro?

LAS CARTAS DE AMOR (4)

Los primeros frutos de escribir lo que se siente los recoge quien escribe. Es de mucho valor objetivar lo que se vive, ponerle palabras, ordenarlo delante en un papel o en una pantalla. Es como ir «tomando posesión» de algo en nuestro interior, poner orden en tanta confusión, ver hasta dónde nos animamos a reconocer algunas realidades interiores a las que no solemos mirar de frente.

Además de ser objetivados, los sentimientos expresados por escrito, si son negativos, comienzan a ser aliviados. Quizá la sensación del momento es de mucho enfado hacia mi pareja; pero cuando lo escribo me costará poner palabras tan duras. Entonces elegiré otras, o tacharé lo que acabo de escribir, sintiendo que con lo que expresé he sido injusta con quien me brinda tanto amor. Este «autoexamen» es muy bueno y permite madurar a cada uno, aprendiendo a distinguir entre las emociones violentas del momento y la realidad. A veces dichas emociones nos juegan una mala pasada. Así, puedo llegar a considerar a quien amo como la peor persona del mundo, sin un motivo objetivo para afirmarlo.

Con la carta de amor, los sentimientos negativos se irán «desinflando», dejando un espacio que puede ser ocupado con sentimientos positivos, con una actitud de mayor comprensión, con un deseo de restablecer la relación que puede haberse roto por motivos que justo en ese momento parecen ridículos.

Sugerencias: Si he escrito sobre mis sentimientos ¿he experimentado en mi persona algo de lo que dice este apartado?

LAS CARTAS DE AMOR (5)

¿Cómo escribir una carta de amor? Algunas cartas de los inicios del noviazgo pueden ayudar. Pero en una pareja estable en el tiempo la situación suele ser distinta, pues el desencanto habrá hecho su insidioso trabajo en la relación entre esposos.

Veamos algunas ideas prácticas para escribir dicha carta:

- Por breve que sea, una buena carta requiere tiempo y espacio específicos. No la puedo redactar mientras hablo con otra persona, o mirando la televisión o realizando otra actividad. Aunque sea poco tiempo, tengo que dedicarme solo a eso. Aunque suene extraña esta propuesta, si en casa hay poca privacidad, el baño puede ser el lugar más adecuado. Sobre todo una madre con algún hijo pequeño necesita poner de por medio una puerta bien cerrada para dedicar unos minutos a algo tan personal como mirarse por dentro y escribir lo que siente.

- Por mal que esté nuestra relación de pareja, nunca he de iniciar la carta con lo negativo, ni aprovecharla para descargar sobre el otro todas mis quejas y acusaciones. Puedo comenzar reconociendo que estamos en crisis, pasando pronto a expresar la propia disposición para ir dando los pasos que permitan superar esta situación dolorosa para los dos. El comienzo de una carta de este tipo podría decir: «Mi amor, reconozco que nuestra relación está pasando por un mal momento. Me duele mucho que sea así. Pero no quiero extenderme en quejas, sino proponerte hacer algo para ir saliendo de este pozo en que nos encontramos. Por mi parte te ofrezco… (detallar el ofrecimiento) para que vayamos dando los primeros pasos. Te amo como siempre, aunque ahora me cueste expresarlo».

- Según sea el caso, conviene mostrar alguna expectativa positiva moderada respecto a lo que podemos lograr si, por medio de estas cartas y con otros medios, buscamos superar juntos nuestros problemas. En esto hace falta ser sincero, sin adular al otro ni expresar expectativas exageradas que sonarían ridículas. La más alta escalera se sube peldaño a peldaño. En este caso, puede bastar la propuesta de pedir que el otro conteste por escrito esta carta. O, si no lo hace, que proponga un momento para comentar esta primera carta entre los dos.

Sugerencias: Cuando planteo nuestra situación de pareja ¿he aprendido a comenzar por los puntos positivos o descargo primero todas mis críticas y enfados sobre la otra persona?

LAS CARTAS DE AMOR (6)

Cada persona de la pareja necesita superar la dura cáscara de los sentimientos negativos. Solo detrás de ellos podrán aflorar los positivos, los que ayudan a volver a vincularse amorosamente. Las cartas de amor bien utilizadas son un poderoso medio para disminuir esos sentimientos negativos y dejar salir los positivos. No es magia, es un modo responsable de hacerse cargo de la parte que a cada uno corresponde en la relación. Veamos otras pautas para escribir esta carta:

- Siempre se dirige al cónyuge, manteniendo un tono afectuoso, o al menos educado. El lenguaje será coloquial, pero no grosero ni con desprecio. Para motivarse más es bueno imaginar a la otra persona con su mejor cara, quizá con una sonrisa afectuosa en su rostro. Si esto no se logra, puede ser señal de que hace falta respirar hondo, serenarse y volver a intentarlo. Tener delante una bonita foto de los dos juntos puede ser una buena ayuda para dejar salir algunos de los sentimientos positivos que están como aprisionados.

- No hay un orden fijo para lo que se va a escribir, pues las situaciones pueden ser muy variadas. Si se tiende a divagar, sería bueno anotar en un papel aparte una o dos frases cortas que sean la sustancia de lo que se quiere transmitir. Por ejemplo: «A pesar de lo que nos sucede te sigo amando», «Te propongo buscar entre los dos un tiempo a solas para aclarar lo que nos está pasando», etc. En base a esas frases se escribirá la carta.

- Se comienza por alguna afirmación positiva («te sigo amando»), para solo después hacer una referencia general al problema que preocupa. De todos modos, lo que no conviene es convertir una carta que tiene que ser solo de amor en una propuesta práctica para arreglar cosas. Porque, si no se crea entre los dos un buen clima de relación, será imposible avanzar en la solución estable de los problemas de pareja.

Sugerencias: Tanto en nuestros diálogos espontáneos como cuando escribo algo a mi pareja ¿intento crear un mejor clima en nuestra relación o no me intereso por ese punto?

Las cartas de amor (7)

Parte esencial de una carta de amor son los sentimientos. Si quien la redacta no acostumbra a usar esas expresiones, puede ayudar una lista de los más frecuentes: enojado, triste, expectante, ansioso, calmado, feliz, etc. No sirve escribir una carta «seca» de sentimientos, solo con descripciones externas e informaciones objetivas de lo que está pasando. No se trata de redactar un informe periodístico ni una lista de problemas, sino de compartir lo que vivo por dentro para que el otro me comprenda, sepa que lo sigo amando, y busquemos juntos salir de esta situación complicada.

A veces tendré la sensación de que no es momento para entregar una carta de este tipo. Confirmaré si es verdad esa intuición. De todos modos, aunque me la guarde por ahora para mí, el hecho de escribirla es una gran oportunidad de reflexión y autoanálisis. Puede suceder que el otro nunca llegue a leerla, pero el crecimiento logrado a partir de cartas de amor bien escritas puede dar lugar a un diálogo más sereno y realista que si no las escribo.

Hacia el final de la carta puedo detallar qué espero del otro, qué me gustaría recibir. Las primeras veces conviene ser muy modesto en las pretensiones. Quizá le pida que con sus palabras reafirme que me sigue amando, o que me ayude a mejorar nuestra relación ahora enfriada. Puede parecer poco, pero frente al «hielo total» que vivimos, este es un primer paso destacable. Lo que no he de hacer es exigir, amenazar, maltratar. Todas esas actitudes solo cierran a la otra persona y agravan el conflicto. De todos modos, si me sale poner esas cosas puedo escribirlas solo para mí, para concretar en palabras los sentimientos duros que me habitan. Más adelante, en un buen momento de la pareja, veré si ayuda mostrar al cónyuge lo que escribí en ese momento; pero no habrá de ser para acusarlo, sino para compartir de modo humilde la desolación que sentía por nuestro problema de relación.

Sugerencias: Si he tenido la experiencia de escribir cartas y otros textos sobre lo que vivo ¿qué han aportado a mi crecimiento y a nuestra relación de pareja?

LAS CARTAS DE AMOR (8)

A los varones, por la educación recibida, les puede costar escribir acerca de sus sentimientos. Les parecerá ridículo, algo propio de mujeres. Algunos lo relacionan con las cartitas de amor de los tiempos de adolescente que enviaban a la chica que les gustaba. «Pero ahora soy un hombre que no tiene tiempo de ocuparse de esas tonterías», dirá alguno.

Las mujeres también tenemos nuestras dificultades. Podemos creer que el varón es igual a nosotras, que solemos intuir lo que vive y necesita el otro. Entonces pensamos: «si me ama, tiene que saber qué me hace falta». Eso es un gran error. El hombre suele ser menos consciente que ella de lo que le sucede al otro. Si necesito algo, simplemente he de pedírselo de modo directo y con pocas palabras. Me asombro de lo fácil que es lograr algunas actitudes y ayudas que durante mucho tiempo estuve esperando. Al menos con Luis me ha sucedido así más de una vez.

Adquirida cierta experiencia, no será difícil escribir de vez en cuando una carta de amor, al menos breve. Otra cosa es compartirla con el cónyuge, sobre todo si la relación entre ambos no pasa por un buen momento. Si en la carta pongo mis verdaderos sentimientos, el otro me conocerá más; así puede aprovecharse para sacar ventaja y «pegar donde más me duele». Es un riesgo que hay que correr. En todo caso, en los primeros intentos puedo compartir cosas sencillas que quizá el otro sabe. En función de su reacción, será posible profundizar en nuestro interior, hablar sobre los sentimientos más íntimos. Es como «tantear el terreno», para ver si podemos avanzar hacia algo más profundo.

Sugerencias: ¿Qué nivel de confianza hemos logrado en nuestra pareja para compartir nuestros más íntimos sentimientos entre nosotros, sea de modo oral o por escrito?

LAS CARTAS DE AMOR (9)

Finalizo este tema poniendo ejemplos de cartas de amor, unas de Luis y otras mías. Hace un tiempo él me escribía:

«Claudia, mi amor. Con estas pocas líneas quiero contarte lo feliz que me siento en este período. Deseo que lo sepas. Pero también necesito agradecer todos los esfuerzos que has hecho de corazón para que vivamos esta hermosa etapa en nuestra vida de esposos. Veo nuestro hogar funcionando tan bien que temo algo suceda y se rompa el encanto de este tiempo. Gracias de nuevo por lo que eres y por lo que nos das a todos los miembros de la familia. Con cariño renovado, tu Luis».

En ese buen tiempo yo también le escribí una carta, que no era respuesta de la anterior. Decía así:

«Luis, mi amor. El otro día tuvimos un momento de desencuentro y pronto lo solucionamos juntos, dialogando lo sucedido. Con esta carta te expreso los sentimientos de agradecimiento que me invaden, porque la iniciativa para reconciliarnos fue tuya. Me sentí profundamente amada, como en nuestros primeros tiempos de pareja, en que me rodeabas con tus brazos y me repetías una y mil veces lo mucho que me amabas. No sé qué sería mi vida sin tu presencia, tu sana picardía, tus numerosos gestos de amor. Sé que, como varón, no te ha resultado fácil aprender tantos detalles que nos encantan a las mujeres. Pero justamente ese modo tuyo de aprender rápido muestra cuánto te intereso, cómo te entregas a mí y a nuestros hijos. De mi parte te ofrezco seguir creciendo en nuestro amor, en los buenos y malos momentos. Con todo mi cariño, Claudia».

Sugerencias: ¿Qué impresión me dan la carta de Luis y la de Claudia? ¿Coincide en algo su contenido con nuestra experiencia de esposos?

LAS CARTAS DE AMOR (10)

En el apartado anterior copié dos breves cartas de amor que nos dirigimos uno al otro en momentos positivos entre nosotros. Es justo mostrar la otra cara: cuando nos escribimos y el clima no es hermoso ni alegre. En este caso comienzo con mi carta a Luis:

«Luis, mi amor. Las cosas no están bien entre nosotros estos días. Por eso me cuesta más escribir esta carta que en otras ocasiones. Pero estoy convencida de que no puedo dejarme llevar por los malos sentimientos que me habitan. Necesito sacarlos afuera para ver cómo son, no para acusarte por ellos. No sé si podré entregarte enseguida este escrito. Quizá me lo guarde unos días, esperando que el clima entre nosotros sea más positivo. Te confieso que estoy pasando por esas etapas en las que "bajo al pozo" de mis inseguridades y miedos, en que me vuelvo más sensible que en otras ocasiones. Por eso lo me dijiste hoy antes de la cena me dolió mucho. Sé que no fue tu intención, pero yo me sentía como con la "piel quemada", sensible en exceso. Por eso tengo ahora estas actitudes de esquivarte, de hablarte solo lo necesario. Luis, te pido que reces por mí. Y que me tengas un poco de paciencia, que ya saldré de este problema. Con mi amor, dolorido pero verdadero, Claudia».

En un momento parecido, en que Luis se sentía agobiado por cuestiones laborales, me escribió esta breve carta:

«Querida Claudia. Son duros estos días para mí. Las cosas no andan bien en mi oficina, como bien sabes. Siento que no aprecian mis esfuerzos, que al final parece que da lo mismo ser honesto y trabajador que no serlo. Te confieso que hasta he tenido la tentación de renunciar. Pero pensé en nosotros, en los chicos, en que hoy no es fácil conseguir trabajo. Por eso sigo adelante, esperando que el sol vuelva a aparecer. En comparación con mi oficina, nuestro hogar en un oasis, con pequeñas dificultades que nos esforzamos en solucionar. Ayúdame a ser el Luis alegre y juguetón, sobre todo con nuestros hijos. Con todo mi amor, Luis».

Sugerencias: Cuando nos habitan sentimientos negativos ¿somos capaces de escribirnos cartas o buscar otros medios para seguir comunicados? ¿O preferimos cortar el diálogo hasta que mejore el clima afectivo?

INTERFERENCIAS EN NUESTRA COMUNICACIÓN (1)

En la escuela donde soy docente hace poco una interesante charla de una psicóloga. Nos decía que los adultos cargamos con una historia que contiene logros, pero también «nudos» y heridas. Estos explican ciertas reacciones exageradas que tenemos ante algunos conflictos relacionados con ellos.

Reconocer esos nudos y heridas nos permite dejar salir muchos sentimientos que le están unidos. También ayuda a moderar lo extremo de algunas de nuestras reacciones. Nos dijo que hasta hace poco uno de los principales tabúes de nuestra cultura era el sexo. Ahora no es tan así, pero hay otro que ha ocupado su lugar: la muerte. Mientras en las culturas tradicionales se actúa y habla de la muerte de modo natural, en la nuestra se esquiva el tema todo lo que se puede. Vivimos como si fuéramos eternos en esta tierra. Todos sabemos que así nos mentimos, pero todos hacemos de cuenta que no lo sabemos. ¡Vaya gracia!

Por eso no es extraño que matrimonios que han logrado superar sus pudores para hablar de la propia sexualidad, sin embargo nunca encaren el tema de la muerte de cada uno de ellos. La psicóloga, que ha tenido muchas entrevistas con personas casadas, reconoce en este uno de los temas más conflictivos para dialogar entre esposos y, más adelante, con los hijos. Y, sin embargo, es un asunto esencial que hay que hablar, como parte natural de la vida. No hay vida sin muerte, ni hay aceptación serena de esta si no la convertimos en tema de diálogo abierto y sincero.

Sugerencias: En nuestra pareja ¿hablamos a solas sobre la muerte, la nuestra, la de nuestros hijos…? ¿O preferimos evitar el tema por temor, vergüenza u otros motivos?

Interferencias en nuestra comunicación (2)

En el apartado anterior dije algo sobre el tabú de la muerte. Ahora quiero compartir de modo breve algo que aún es tabú entre nosotros, aunque de distintos modos: el sexo. Alguien dirá que ya no es así, que tenemos mucha información sobre esto, hablamos con los amigos, vemos los medios de comunicación. Es más, estamos inundados de imágenes sexuales. Pero… ¿quién se anima a compartir sinceramente con su pareja cómo vive su sexualidad?

Porque una cosa es saber sobre sexo a nivel físico. Incluso no tener tanto pudor a la hora de mostrar el propio cuerpo. Otra es dar a conocer que no todo anda en ese punto tan bien como nos gustaría. Como mujer sé que varias de nosotras simulamos gozar mucho de una relación física con nuestro esposo que no ha sido tan placentera. Todo sea para que no se sienta disminuido, para no iniciar una discusión, etc.

Apareció este tema en la charla de la psicóloga que nombré más arriba. Casi todas éramos mujeres. Con gracia dijo a dos varones presentes que hicieran de cuenta que no oían lo que iba a decir (buen truco para interesarlos). Afirmó ella que no hay otro camino que hablar con el esposo de modo sincero qué nos sucede con nuestra sexualidad, evitando que el otro interprete que lo estamos acusando. Hemos de superar el prejuicio de que el varón «tiene que hacer gozar a su mujer» para quedar bien con ella. No, el gozo compartido es responsabilidad de los dos. Este es un paso que necesitamos continuar dando para vivir mejor nuestra comunicación sexual.

Sugerencias: ¿Cuál es la calidad de nuestra comunicación de pareja respecto a lo que hoy vivimos en el aspecto de la sexualidad? ¿Solo sabemos sobre sexo, o somos capaces de expresar lo que cada uno siente, ante la persona con la que somos pareja?

Interferencias en nuestra comunicación (3)

La lista de los temas de los que nos cuesta hablar es casi interminable. ¿Por qué sucede esto en el matrimonio? Según la psicóloga, en cada esposo tienen que ver o con malas experiencias en la familia de origen, o en la adolescencia, o en la anterior relación de pareja. Es frecuente que uno de los dos proponga un tema que toca uno de los nudos o heridas del otro. Este reacciona de modo desproporcionado. Así, quien inició la charla aprende que «de eso no se habla», si queremos evitar agrias discusiones.

Sin embargo, aunque sea con ayuda externa, «de eso» es de lo que más necesitamos hablar. ¿Qué es eso? Aquí va una lista, seguramente incompleta: relación nuestra con la familia cercana de cada uno (padres, hermanos), uso del dinero, colaboración o no en las tareas del hogar, costumbres alimenticias e higiénicas, etc.

Pero el tema sigue pendiente ¿cómo hablar de lo que más nos cuesta? Ciertamente lo podemos hacer mejor cuando nuestra relación matrimonial pasa por un buen momento. De lo contrario, sería de esperar que apareciera como problema. Ese es el peor momento para discutir algo de lo que nunca hablamos. Las cosas no dichas saldrán como un torrente; y cada uno, en vez de escuchar al otro, estará preparando su respuesta. Es habitual que se interrumpan y que el tono de la discusión aumente, quizá los hijos estarán escuchando… En fin, un catálogo de situaciones que son todo lo contrario de lo aconsejable para crecer como pareja y familia.

Sugerencias: Si pasamos ahora por una buen etapa de nuestra vida de pareja y tenemos tiempo es bueno preguntarnos ¿de qué tema importante (o temas) no hablamos nunca o casi nunca? ¿Por qué no aprovechar para dialogarlo ahora?

Capítulo seis: Unidos en la fe

Profundizando nuestro amor matrimonial (1)

Durante estos años he ido anotando diversas ideas sobre nuestro amor matrimonial, algunas sacadas de charlas y otras de la revista cristiana que recibimos en casa. Como buena docente, he tratado de ser prolija en estas notas, con la esperanza de que también sirvan a otras personas y matrimonios. Aquí van algunas:

- Así como cada persona tiene su vocación, también la tiene la familia. Solemos relacionar «vocación» solo con lo personal. Pero también tiene una dimensión de pareja. Esta vocación responde a las necesidades y deseos más profundos de los seres humanos, ayudando a superar nuestras metas de corto plazo con las de largo plazo, propias del plan de amor del Padre del cielo.

- El ser humano es imagen de Dios. Esa imagen es más completa cuando estamos unidos mujer y varón por medio del sacramento del matrimonio. En esta relación, el amor del otro está llamado a curar las propias heridas y pecados. Por eso podemos decir que cada uno está destinado a ser «salvador» del otro en diversos aspectos de su vida.

- Un artículo de la revista cristiana que compramos en casa decía que cuando se unen sacramentalmente los novios es como que se dijeran uno al otro «este es mi cuerpo y mi sangre», entregándose al modo como lo hace Jesucristo en la Eucaristía. Pasan a «pertenecerse» desde ese momento, haciéndose «una sola carne», como dice en sus comienzos la Biblia (Gn 2,24).

Sugerencias: ¿Siento que, como esposos, estamos llamados a entregarnos uno al otro, así como Jesucristo se nos entrega en cada misa?

PROFUNDIZANDO NUESTRO AMOR MATRIMONIAL (2)

Continúo con algunas ideas sobre el amor matrimonial:

- Como los discípulos camino a Emaús (Lc 24), los esposos somos acompañados en nuestro caminar. Estamos llamados a reconocer a Jesucristo en el partir el pan de la Eucaristía, pero también en el pan compartido en la mesa familiar. Necesitamos que Él haga arder nuestros corazones con su Palabra salvadora, para vivirla entre los dos y ayudar a hacerlo a los propios hijos, a medida que crecen.

- Desde nuestra fe reconocemos en la unión conyugal un reflejo del amor de la Trinidad, tres personas unidas en un solo Dios. Este no es un ser solitario, sino una comunidad, una familia, con múltiples relaciones hacia dentro y hacia fuera. Dios ama con nuestro amor de esposos y padres, sobre todo a nuestros hijos y personas más cercanas.

- El amor tierno de Jesús por las mujeres y varones de su tiempo se hace actual en la familia cristiana. Él sigue viéndonos con esos ojos plenos de la misericordia del Padre, que nos ayudan a levantarnos de nuestras caídas y encontrar de nuevo el sendero adecuado para vivir nuestra vocación. De ese modo nos va ayudando a ser «Iglesia doméstica», o sea, comunidad de cristianos que lo tenemos a Él como centro y sentido profundo de nuestras vidas y proyectos.

Sugerencias: Nuestra familia ¿es una verdadera «Iglesia doméstica»? ¿Qué signos tomo en cuenta para decir que sí o que no?

Profundizando nuestro amor matrimonial (3)

He anotado algunas ideas sobre nuestro amor de esposos:

- A través de la comunidad cristiana de la Iglesia recibimos de Cristo la ayuda para ser testimonios de la buena noticia del amor de Dios. El nuestro no puede ser un pequeño amor hecho solo de sentimientos pasajeros, sino algo construido sobre la Roca del divino amor que permite superar todas las tormentas, sin que se derrumbe nuestra casa.

- Una señal de la grandeza de nuestro amor es que nos permite colaborar con el trabajo creador de Dios, trayendo a este mundo vidas humanas, la suprema obra del Creador. Aunque nos cueste reconocerlo, sabemos que no somos dueños, sino administradores de la vida de nuestros hijos, mientras ellos sean pequeños y dependan de nosotros. Llegará el momento en que «levantarán vuelo», llamados a vivir ahora ellos alguna forma de fecundidad amorosa.

- Especialmente encantador nos ha resultado a Luis y a mí el libro del Cantar de los Cantares, en el Antiguo Testamento. Destaco de él estas dos frases: «Mi amado es para mí, y yo soy para mi amado…» (2,6; 6,3). «Grábame como un sello sobre tu corazón, como un sello sobre tu brazo, porque el amor es fuerte como la muerte» (8,6). En algunos momentos a solas hemos vuelto sobre estas afirmaciones, comentando qué significado tienen hoy para cada uno de nosotros.

- Por otro lado, nos ha gustado imaginar a Jesús niño pequeño y testigo del especial amor que en Nazaret viviría María junto a José. Ese modo exquisito de amarse fue la escuela donde el Señor aprendió como ser humano a amar de un modo insuperable. Luis y yo pedimos a Dios que nuestros hijos aprendan algo así de nosotros. De ese modo, aunque a veces se nos termine el vino, como en las bodas de Caná, siempre tendremos a María que interceda y a Jesús que haga el milagro de devolvernos la buena bebida de la alegría y la unión de esposos. Son numerosas las ocasiones en que nos quedamos solo con el agua de las desilusiones, necesitada de ser transformada en vino nuevo de alegría cristiana.

Sugerencias: ¿Logro relacionar de alguna manera la familia de Nazaret con la nuestra? ¿Qué mensaje me trae esa comparación?

Profundizando nuestro amor matrimonial (4)

Por un lado, como cristianos, sabemos del valor de nuestra familia como tal. Pero esa misma fe nos enseña en el Evangelio que Jesucristo y su Buena Noticia están por encima de todos los afectos humanos. Así hemos aprendido que nuestros hijos no son propiedad nuestra, sino hijos de Dios. Que a Él deben más obediencia que a nosotros, que somos importantes mediadores, pero no más que eso. Meditar esto nos ha ayudado a no absolutizar los vínculos familiares. Vínculos que tendrán sus avatares a medida que los hijos crezcan y hagan su vida.

Una vez que nos visitó el P. Carlos nos comentó en la mesa sobre nuestra vocación de ser como familia una «Iglesia doméstica». Yo lo había escuchado, pero en aquel diálogo espontáneo comprendí la profundidad de esa expresión. No solamente somos parte de la Iglesia, sino que somos Iglesia pequeña pero real. Estamos llamados a desarrollar dentro del hogar algunos de los valores que Jesucristo ama en su Iglesia grande.

Es así como hemos presentado a nuestros hijos en diálogos espontáneos el gran valor que tiene para Luis y yo la familia que hemos formado. Les hemos contado lo orgullosos que nos sentimos por tenerlos como hijos. Y por verlos encarnar, aun con sus limitaciones, algunos valores profundos que nos propone nuestra fe cristiana.

Sugerencias: En nuestro hogar ¿somos conscientes del gran valor de nuestra familia como una iglesia doméstica?

Profundizando nuestro amor matrimonial (5)

Somos conscientes de la profunda crisis que atraviesan hoy muchas familias. Esa debilidad golpea de modo especial a los hijos desde que son pequeños. Los adultos estamos formados en lo fundamental, de modo que podemos «sacar pecho» ante las tormentas. Pero más de una vez me he preguntado cómo harán los nuevos niños y adolescentes que nacen y crecen en núcleos familiares habitualmente inestables, donde los conflictos antes excepcionales pasan a ser ahora un modo «normal» de vivir.

Confiamos en el amor de Dios, que en parte suplirá lo que los humanos no sabemos o no podemos dar a los niños. A la vez que nos preguntamos cómo podemos ayudar ante tantas «orfandades» afectivas y espirituales. Padres ausentes o desinteresados son la causa de lo que algunos llaman «huérfanos con padres vivos». Por mi servicio docente tengo muchas oportunidades de vivir de cerca esto y ofrecer la ayuda que me es posible en cada momento.

En una charla, alguien afirmaba que hoy al matrimonio se lo tiende a ver como una forma de gratificar las propias expectativas a nivel afectivo. «Estamos juntos porque nos sentimos bien», sería una expresión de esa actitud. Lo cual hace sospechar que cuando lleguen las naturales crisis se invertirá la afirmación: «nos separamos porque nos sentíamos mal». Hoy cuesta aceptar las diferencias entre las personas y convivir con ellas. También vemos una tendencia, más o menos consciente, de «usar» a los demás en beneficio propio. Eso es todo lo contrario del verdadero amor cristiano.

Ante eso me ha gustado la idea de que prometer amor para siempre solo es posible si descubrimos un plan de amor más grande que nuestros pequeños proyectos. Visto desde nosotros dos, el matrimonio duradero es casi una imposibilidad; mirado desde los ojos de Dios es un desafío difícil, pero posible de vivir con su ayuda.

Sugerencias: Como esposos ¿nos sentimos parte del gran plan de amor de Dios? ¿O elegimos organizar nuestra vida de modo independiente del proyecto amoroso del Padre?

Mucho me alivia como esposa reconocer que la estabilidad de mi amor hacia Luis y del suyo hacia mí no depende solo de nuestros esfuerzos. Es Dios quien nos sostiene, en la medida en que nos dejamos ayudar. Él es el principal modelo de amor fiel y estable sobre el cual pueden adquirir valor los compromisos humanos importantes como el «sí» del matrimonio. Dios sigue cerca de nosotros aun cuando le fallamos; nosotros, esposos, estamos comprometidos a seguir luchando juntos, aun cuando nuestra pareja nos decepcione.

¿Cómo experimentamos el amor de Dios por nosotros? Solamente puede darse a través de diversas mediaciones. El amor de Luis por mí tiene un significado más fuerte y profundo cuando me doy cuenta de que es Dios quien me está amando a través de él, perdonando, invitando a recomenzar una relación de pareja que puede haberse empobrecido. A la vez, Luis y yo somos responsables de ser canal del amor de Dios para nuestros hijos desde que nacieron.

Luis y yo estamos llamados a ser fecundos, no solo por haber traído hijos al mundo. Ese es el comienzo de un proceso más largo y profundo de fecundidad espiritual, por el cual les transmitimos con el paso de los años un sentido de la vida apoyado sobre la roca de Cristo. Esa es parte importante de la herencia que les dejamos, en base a la cual deberán tomar más adelante sus propias decisiones.

Sugerencias: Como esposos ¿somos mediación del amor de Dios el uno para el otro? ¿De qué maneras concretas?

Cuando miramos a cada uno de nuestros hijos vemos en ellos «nuestro amor hecho persona». Es una fecundidad presente no solo desde la concepción y el nacimiento, sino en el modo en que han crecido y nos hemos educado junto a ellos. Alguien nos decía que los esposos, en cuanto padres, «encendemos en cada hijo una luz» destinada a iluminarlos e iluminarnos. Pienso más de una vez en cuando seamos ancianos y esa luz ya antigua nos siga iluminando y dando una alegría que solo madres y padres conocemos.

Somos conscientes de que en nuestra familia estamos «haciendo comunidad de Iglesia». Sin este vientre familiar no es posible comprender el sentido profundo de ser comunidad. A veces, cuando logramos reunirnos los cinco para elevar una oración a Dios, experimento que Él nos bendice, que sonríe sobre nuestra familia y nos envía lo mejor de su amor.

Ciertamente, ser parte de la familia de Jesús que es la Iglesia nos ayuda mucho como pequeña familia. Lo puedo constatar si comparo lo que vivimos nosotros con lo que viven otras familias de alumnos de mi escuela a los que veo bastante perdidos en la vida. A la vez, el P. Carlos nos decía que, sin buenas familias, se empobrece la Iglesia, la cual adquiere su identidad a partir de personas nacidas y criadas en familias como la nuestra.

Mucho me ha gustado la expresión «el evangelio de la familia». Cualquier familia que lucha por ser mejor es, a pesar de sus defectos, «una buena noticia para el mundo de hoy». Esto lo recuerdo y lo dialogo con Luis en algunas ocasiones en las que nos invade cierto pesimismo por no lograr algunas metas familiares que nos proponemos, o por ver conductas de nuestros hijos que no nos dejan tan conformes.

Sugerencias: Como familia ¿nos sentimos parte activa de la gran familia que es la Iglesia de Jesús? ¿Cómo se muestra eso?

Somos uno ante Dios (1)

Recuerdo una charla que dio el P. Carlos en la parroquia en el Día Mundial del Matrimonio (último domingo de abril). Nos decía que solo el amor verdadero hace del otro una persona especial, aunque no resalte a los ojos de los demás. El amor tiene una mirada particular sobre cada uno, participante de la amorosa mirada de Dios sobre toda la humanidad y la creación.

Afirmaba que buena parte del desafío de ser matrimonio cristiano es pasar de un amor inmaduro, propio de los primeros tiempos, a un amor maduro que sabe superar las circunstancias en bien de los dos y de toda la familia. El amor inmaduro nos lleva a actuar por reacción: el otro obra bien, yo le respondo igual; obra mal, tiendo a hacer lo mismo.

Por el contrario, el amor maduro es capaz de «vencer el mal a fuerza de bien» (Rm 12,21). Es semejante al de Dios, que no deja de amarnos aunque obremos mal con Él. Simplemente nos espera, con la confianza de que en algún momento volveremos a sus amorosos brazos de Padre. Mucho nos ha servido a Luis y a mí esta imagen para mejorar en paciencia el uno con el otro, ayudando al crecimiento de nuestro amor matrimonial. También para aplicarla en diversas circunstancias a la educación con nuestros hijos.

Sugerencias: Nuestro amor de pareja ¿continúa madurando del modo como sugiere este apartado?

Somos uno ante Dios (2)

Un trabajo para matrimonios que hicimos con el P. Carlos nos impulsó a reconocer la poca conciencia que tenía cada miembro de la pareja respecto a lo que estaba celebrando en su propia boda. Todos los presentes nos casamos por la Iglesia en momentos diferentes. Pero la mayoría compartíamos razones de tipo social como motivo fundamental para habernos presentado ante el altar.

También es cierto que, en varios de nosotros, la conciencia del valor del sacramento del matrimonio fue creciendo a medida que pasaban los años. La llegada de nuestros hijos y sus bautismos fueron buenas ocasiones. La participación en la eucaristía dominical también nos ayudó. El Encuentro para Matrimonios vivido tiempo atrás nos impulsó a plantearnos porqué nos casamos por la Iglesia, qué conciencia teníamos entonces y cuál ahora respecto al sacramento en que nos convertimos.

Ser consciente de que fui llamada por Dios para formar un matrimonio con Luis me permite ver mi vida de un modo diferente y más profundo. Lo que parecería solo un acuerdo humano entre dos adultos, se convierte en algo más trascendente. Ya no somos dos sino tres, con Jesucristo en medio de nosotros. No solo hemos de rendir cuentas entre los dos respecto al amor que nos brindamos, sino que lo hacemos ante el Autor del amor que nos lo da para que lo compartamos entre nosotros, con nuestros hijos y con muchas otras personas.

Sugerencias: Si hemos celebrado el sacramento del matrimonio ¿valoramos hoy la importancia del sacramento en que ambos nos convertimos? ¿O es solo un hermoso recuerdo entre tantos otros?

Somos uno ante Dios (3)

Hoy Luis y yo sabemos que somos signos del amor de Dios. Es una gran responsabilidad para la cual pedimos que nos dé su fuerza. Conocemos que Él nos ha brindado su amor para que seamos sus testigos. Dios no falla; le solicitamos que nos dé la gracia de no fallarle a Él, a nuestros hijos ni a tantas personas que confían en nosotros.

Habitamos un mundo donde pocos aprecian el valor del matrimonio y la familia estables. Por eso adquiere especial brillo el hecho de que dos esposos luchen día a día por su unión y por sus hijos. Luis y yo encontramos mucho escepticismo respecto al matrimonio entre varios compañeros de trabajo. Eso no nos desanima. El hecho de que otros no hayan podido (o querido) construir seriamente su hogar, no es un anticipo de que no podremos hacerlo nosotros. No es fatal fracasar cuando ponemos lo mejor de nuestro esfuerzo y pedimos a Dios su ayuda para ser una buena familia.

El desafío es vivir un amor de esposos contagioso, sobre todo para nuestros hijos. No tenemos el futuro en nuestras manos. Pero queremos dar lo mejor de nosotros para dejarles a ellos una valiosa herencia que nadie les pueda robar: el amor y la fe compartidos hoy con nosotros y mañana en sus propias familias.

Sugerencias: ¿Somos capaces, como matrimonio, de darle su elevado valor a esa realidad o nos dejamos arrastrar por el escepticismo ambiental respecto a este sacramento y estado de vida?

Epílogo

Hemos llegado al final del recorrido de este libro. Espero que tu sensación no sea la de haberte encontrado solo con ideas conocidas, sino con experiencias de vida que, de algún modo, iluminen tu propia existencia.

El modo como relata Claudia lo que vive junto a Luis, más las *sugerencias* al final de cada apartado intentan que lo contado no quede solo en tu mente, sino que toque también tu corazón. Un corazón caldeado por experiencias semejantes mira la vida y los acontecimientos con otra profundidad, se inspira de un modo más profundo, permite que surjan nuevas ideas y propósitos respecto al modo de vida que hasta ese momento se habían elegido para sí y para las personas más cercanas.

Si has sentido que lo relatado es algo que has vivido, me vas a entender mejor. Con frecuencia necesitamos que otra persona cuente algo que nos identifique con ella, que nos hermane con su experiencia, que permita sentir que no recorremos solos los senderos de esta vida. Es lo que intenta Claudia ofreciendo su corazón y sus vivencias para enriquecernos a todos.

Quizá tu vida es más difícil que la de ella y Luis. O parece más fácil. Eso no importa, ya que lo extenso de la propia existencia a veces nos sitúa en lo alto de la montaña desde donde se divisa un hermoso paisaje. En otros momentos nos sentimos caminando por oscuros valles, desde los cuales se nos achica el horizonte y se nos arruga la esperanza. En ambos casos vale mucho conocer desde dentro cómo otras personas recorren los senderos de esta vida, cómo gozan y cómo sufren. Y, sobre todo, con qué medios han logrado levantarse de sus caídas para proseguir su camino con esperanza.

Lo principal acontece fuera de los libros. Aun así, ellos tienen su lugar, humilde pero real, que puede iluminar hasta los más oscuros senderos de la vida personal y de pareja. Lo contado por Claudia, vivido junto a Luis, sirve como referencia para tantos claudias y luises que, porfiadamente, buscan hacer de su amor de pareja el eje de sus vidas en este mundo.

A través de los Encuentros para parejas he tenido numerosas ocasiones de conocer personas que siguen dispuestas a poner todo de su parte para que ese «sí» dado tiempo atrás adquiera nuevo brillo para bien de ellos y de sus descendientes. Ser testigo de esos procesos realmente me ha conmovido. Y me ha llevado a pensar que no todo está perdido, que sigue habiendo locos soñadores que confían en el amor regalado por Dios como medio para superar los muchos límites y mediocridades que se cruzan en sus caminos.

En ese sentido, espero que esta obra haya sido satisfactoria para quienes la usen. Siempre quedan temas sin tratar, aspectos que interesan a unas personas pero no a otras. Por eso este libro se complementa con muchos otros aportes sobre la vida en pareja. En definitiva, se trata de meditar personalmente, dialogar de a dos y producir cambios en bien de quienes se ama tanto a pesar de sus muchas imperfecciones.

Podemos decir que un libro así es solo una introducción a una variada y compleja realidad como es la vida de pareja. Basta con que lo escrito dé ocasión a reflexiones y diálogos más ricos que los que a veces ocupan nuestra mente y el tiempo que compartimos como pareja.

Ciertamente, la calidad del diálogo de a dos dice mucho sobre la calidad de la pareja misma. Por eso, mejorar dicho diálogo es una buena manera de mejorar esa pareja para bien de ella y de quienes comparten de algún modo su vida.

Ser felices como pareja no es fácil, pero sí posible. Solo que la verdadera felicidad no se compra con dinero ni se encuentra como un tesoro listo para ser disfrutado y gastado. En esta vida, la verdadera felicidad tiene la forma de tarea, a veces de muy dura tarea. Solo como fruto de ese trabajo amoroso es posible probar algo de la felicidad que solo da el amor, construido por cada uno, pero enriquecido cuando es compartido entre dos.

Pocas cosas nos dan tanta felicidad como encontrar una persona que comparte la propia vida y se ocupa de que su pareja sea feliz. A quien le alegran sus alegrías y le preocupan sus penas, las de su media mitad. Eso suela a algo milagroso, a una situación tan buena que no pareciera propia de este mundo. Y, sin embargo, yo he sido testigo de numerosos milagros como estos, fruto del amor verdadero actuando dentro y fuera de dos corazones.

Es justo agradecer a Claudia su apertura para darnos a conocer lo que ha vivido y vive en su matrimonio. En ella rindo homenaje a muchas personas, especialmente mujeres, que abren a otras su corazón para compartir lo que les alegra y entristece. También a quienes prestan generosamente sus oídos para escuchar con interés las alegrías y los dramas de otros, sin caer en la fácil tentación de llenarlos de consejos que no les han pedido.

En este compartir y escucharnos hay mucha riqueza. Aunque no encontremos de modo inmediato solución a nuestras dificultades, el va y viene de nuestros diálogos nos ayuda a sentirnos más cercanos, a compartir experiencias semejantes y a apoyarnos en un camino de pareja que no es fácil pero sí posible.

Estoy convencido de que este recorrido, en cualquiera de sus actuales formas, es un asunto de mucho interés por diversos motivos. El valor de la autonomía individual en nuestro mundo muestra sus límites cuando cada persona intenta construir su historia al margen, y hasta en contra, de las personas que viven cerca de ella. Esa opción ha mostrado sobradamente sus dificultades, tanto para los adultos como para los menores de edad que dependen de ellos.

La propuesta no es volver al pasado, ni fundirnos en una sola cosa sin particularidades, ni, quizá, obedecer a alguien que le indique a cada uno qué tiene que hacer. Ser un adulto autónomo vale mucho, tanto en la mujer como en el varón. Pero es mucho mejor si esa es una autonomía solidaria, que tiende la mano a los demás y se deja ayudar por ellos. Que forma comunidad, en este caso la básica, la de la pareja y la familia. Descubrir el enorme desafío de compartir una vida muy juntos: ahí está la cuestión. Algunos creen que eso es imposible. Y, sobre todo, que no puede durar mucho tiempo cuando el romanticismo inicial y la pasión se alejan de nuestras vidas.

El que murió en la cruz por nosotros estuvo convencido de lo contrario. Vivió hasta el extremo el inmenso poder del amor. Y nos dejó a todos el desafío de escribir nuestra propia historia de entrega a los demás, a pesar de los calvarios que la vida nos tiene preparados. Solo el amor es capaz de volver a dar vida (resurrección) a personas y parejas que parecieran no esperar nada de su existencia. Anhelo que este libro nos ayude a vivir convencidos de esos milagros continuamente renovados que ocurren a nuestro alrededor.

Javier Fernández

Índice